教育部人文社会科学研究项目
（项目编号：14YJC630176）

媒介·舆论·传播 Media　Public Opinion　Communication

文化园区创新模式研究

● 余 博 著

中国传媒大学出版社
·北京·

目录 CONTENTS

绪 论 /1
    一、研究价值 /2
    二、文献综述 /6
    三、研究思路与创新点 /26

第一章 创意城市视角下的文化园区 /29
    第一节 创意城市视角下文化创造力的内涵 /29
        一、创意城市的文化创造力 /30
        二、文化创造力的内涵 /33
    第二节 创意城市视角下文化园区的特征 /37
        一、文化园区的概念 /38
        二、文化园区的特征 /40
    第三节 创意城市视角下文化创造力的作用 /43
        一、促使城市特质形成 /44
        二、释放创意阶层活力 /45
        三、促进文化创意产业发展 /47
        四、推动文化创意环境营造 /49
        五、促进科学技术创新 /51
        六、丰富文化多元化与多样性 /52

第二章　文化园区的本质是文化创造力的集聚与外溢　／54

第一节　文化园区是文化创造力集聚的载体　／54

一、地理空间的就近集聚　／54

二、产消一体的产业特征　／56

三、产业资源的高效整合　／58

四、集群组织的学习效应　／60

五、品牌与社群的有效形成　／61

六、价值认同的有效形成　／64

第二节　文化园区是文化创造力外溢的触媒　／66

一、创意社群的集聚效应　／66

二、创意资源的加速流动　／68

三、知识信息的传播共享　／69

四、利益相关方的参与介入　／70

五、生活方式与价值观的输出　／71

六、城市精神与影响力的形成　／72

第三节　文化园区的本质是文化创造力的集聚与外溢　／74

第三章　文化园区提升文化创造力创新模式的构成因素　／77

第一节　文化园区创新模式的内部因素　／77

一、文化创新　／78

二、文化消费　／81

三、科技创新　／83

四、创意环境　／88

第二节　文化园区创新模式的外部因素　／90

一、政府行为　／91

二、市场竞争　/93
　　三、社会网络　/94
　　四、知识产权保护　/95
　　五、非物质文化遗产传承　/97
第三节　创意因子的特征　/98
　　一、原生性　/99
　　二、创新性　/100
　　三、流动性　/102
　　四、融合性　/103

第四章　文化园区提升文化创造力创新模式的运作机制　/105
第一节　创意阶层　/106
第二节　文化园区创新模式的集聚系统与运作机制　/109
　　一、内部因素影响机制　/110
　　二、支持外力助推机制　/117
　　三、"能量层"的黏性与自增强机制　/119
第三节　文化园区创新模式的外溢系统与运作机制　/120
　　一、驱动机制　/121
　　二、分工协作机制　/122
　　三、价值增值机制　/124
第四节　创意因子的运作机制　/125
　　一、选择机制　/125
　　二、复制机制　/126
　　三、变异机制　/126
　　四、重组机制　/127

第五章 文化园区提升文化创造力创新模式的实证研究 /129

第一节 实证研究的案例选择与分析 /129

一、案例选择与分析方法 /130

二、案例的创新模式与运作机制 /133

第二节 文化园区发展现状与问题 /148

一、吸引力不足,缺乏创意环境营造 /148

二、脱离消费市场,难以转化创意成果 /149

三、同质化严重,无法突破空间限制 /151

第三节 文化园区发展建议 /153

一、统筹内部因素,营造创意环境 /154

二、围绕支持外力,健全服务系统 /155

三、加速创意资源流动,提升创新聚合力 /156

结 论 /158

参考文献 /162

绪　论

关于创意城市的研究，一方面源于城市发展而产生的具有独创性的革新及由此产生的巨大效益；另一方面源于大多数创意都产生于城市之中，创意城市正在成为资源整合、经济增长的新动力。文化产业是集中体现创新力、创造力的核心产业，由此产生的创意经济极大地促进了创意城市的发展。文化园区作为促进文化产业发展、产业协同创新和城市可持续发展的重要载体，可以说是创意城市发展过程中的一个缩影。区域文化园区顶层设计的政策走向，直接影响入驻企业的发展、文化园区的运营管理，乃至文化产业、创意城市的长远发展。随着我国经济发展方式从注重规模速度的粗放型增长转向注重质量效率的集约型增长，加之"十三五"期间"一带一路""京津冀一体化""互联网+""大众创业、万众创新"等利好政策的实施，都对文化园区的发展提出了新的历史要求。以粗放式发展为主、同质化竞争严重、文化生产与消费力薄弱、产业链条不完整、单纯依靠地理空间集聚起来的文化园区，已经无法适应和满足新时期共享经济、社群经济、区域经济协调发展的要求。新时期国家经济的发展动力已经从要素投资驱动转向创新驱动，文化产业的核心竞争力也更多地体现为文化创造力的释放与发挥。具体到文化园区，就需要突破单纯的物理空间集聚方式，从区域协调、集约发展的顶层设计高度，不断推进文化创新与科技创新的融合发展，通过文化创造力的集聚与外溢来打造文化园区的创新发展模式，以适应政治、经济、社会、文化的发展需求。

目前，国内外学者已对文化园区、文化产业、创意城市进行的探讨研究，集中在文化园区在形成创新产业链、促进文化生产和文化消费中的重要作用，文化产业在创意经济乃至创意城市发展中的核心地位，创意城市在城市创新中的重要作用等方面。国内外学者大多将研究视角放在创意城市与文化产业之间的关联性分析、相互影响与作用上，从经济学角度探讨文化产业所带来的创意经济对创意城市发展的重要作用。而针对创意城市与文化园区的相关研究则较少，大多从地理学、规划学等角度出发，探讨文化园区与城市区位、城市规划之间的相互制衡与影响。关于文化园区的个体研究，则多从产业经济、空间地理等角度来探讨文化园区的区位选择、规划设计、文化产业链、品牌竞争力、投资决策、产业运营模式等，突出地理空间、区位、政府行为的作用与影响。因此，目前仍缺乏突破园区空间概念和固有产业链模式，从创意城市视角探讨文化园区创新发展的研究。

本书从创意城市视角出发，探讨文化园区的本质，通过提升文化园区文化创造力的集聚与外溢效应，构建文化园区创新发展的模式，对文化产业、创意经济乃至创意城市的可持续发展具有重要的理论与实践价值。

一、研究价值

20世纪末全球掀起文化产业发展的浪潮，人的创造力、知识、文化等无形资产逐步取代有形物质资源,成为城市经济增长的主要驱动力,城市进入由创意全面引领的创意城市发展阶段。英国学者查尔斯·兰德利(Charles Landry)在《创意城市:如何打造都市创意生活圈》一书中谈到衡量城市成功的四个要素,即人才动员、创造力与创新潜能、连通性、独特性。创意城市的发展要培养、利用、提升、吸引、保有内外人才,使之发挥创意、资源与组织的能力;营造适当的环境,让人们能置身其中,运用想象力去思考、规划与行动;通过实体基础建设,以虚拟的方式建立内外连通性,兼具高度的地方性与国际性;依靠举足轻重的差异性、多元性与独特性来自我推销。任何有关城市活动或繁荣的讨论重心,都在群聚、在相近领域或可利用的卓越中心形成重叠,以此来促进竞争、促成协作性互补交流以及资源的交换。随着真实与虚拟世界在创意空间被结合,群聚正在改变,但面对面接触仍是关键。文化园区作为人才、科技、教育、服务等文化资源集聚的创意空间,其形成、发展、演化是城市空间结构变迁的直接体现,更是城市打造创新空间、激发创新活力的重要源泉,符合创意城市的发展需求。

厉无畏指出:"在全球性竞争日趋激烈、资源环境的约束日渐增强的形势下,它(创意城市)使地方城市从主要依赖自然客体资源的发展转向着重开发人类主体资源,努力解放文化生产力,重塑城市形象,再获生机,实现持续发展的战略转型。"[①]我国的城市发展面临着全球化创意经济的冲击,发展创意城市成为我国践行"十二五"规划,实现创新驱动、转型发展的攻坚任务。2011年10月,

---

① 厉无畏.迈向创意城市[J].理论前沿,2009(4):5-7.

党的十七届六中全会审议通过了《中共中央关于深化文化体制改革,推动社会主义文化大发展大繁荣若干重大问题的决定》,第一次提出建设社会主义文化强国的奋斗目标。2013年11月,中共十八届三中全会提出深化文化体制改革,建立健全现代文化市场体系,提高文化开放水平。2014年10月,中共十八届四中全会首次专题讨论依法治国问题,审议通过了《中共中央关于全面推进依法治国若干重大问题的决定》,提出制定文化产业促进法,对文化产业的发展提出更高的要求。2014年11月9日,习近平总书记首次系统阐述"新常态",从速度、结构、动力三个方面就"经济新常态"的发展特点做了说明,即中国经济正从高速增长转为中高速增长,经济结构不断优化升级,并从要素驱动、投资驱动逐步转向创新驱动,"经济新常态"将给中国带来新的发展机遇。2014年,文化部办公厅修订印发了《国家文化产业示范基地管理办法》的通知,为引导和支持文化园区(文化创意产业集聚区、文化创意产业园区、文化产业园区、示范基地、创意区、创意社区等)的健康快速发展,提供优质服务,形成产业规模,创造经济与社会效益提出了重要举措。"十三五"是中国文化产业进入大数据时代,新兴产业和新业态对文化产业进行大解构、大转型、大融合、大升级的历史机遇期。2016年3月,《中华人民共和国国民经济和社会发展第十三个五年规划纲要》指出,要加快发展现代文化产业,推进文化业态创新,促进文化与科技、信息、金融、旅游、体育等产业融合发展,扶持中小微文化企业发展。2016年全国"两会"指出,要推进文化改革发展,建设中国特色新型智库,加强文化遗产保护利用,聚焦非遗文化产业园区建设,进一步完善文化产业政策体系,从根本上推动文化产业创新发展。对文化产业、文化园区的一系列扶持和推动政策,对优化产业结构、转变发展方式、增强产业黏性、提升创新能力、促进创意城市发展具有重要的现实意义。

从现实来看,文化园区的演化发展是创意项目对历史文化街区、工业建筑等城市局部乃至整体空间进行重构的过程。建设文化园区,可以降低旧城更新成本、提升城市空间价值、提高传统建筑的利用效率、重塑城市形象,从而推进我国创意城市建设进程。但由于我国文化园区建设起步较晚,受工业园区传统资源型发展模式影响较深,与国际创意城市的群聚要素相比,我国文化园区在创意人才的吸引与利用、创造力与创新潜能的发挥、规划与行动能力的提升、园区产业的跨界融合、虚拟空间与实体空间的连通、品牌影响力与竞争力的发挥、多样性与独特性的打造等方面仍存在较大差距,一定程度上偏离了创意城市以人为本、资源集聚、多样开放、可持续发展的建设要求,制约了我国发展创意经济、建设创意城市的步伐。针对这一问题,学术界进行了一系列研究,从城市经济学探讨了城市的形成与发展,包括创意城市的起源与发展,创意城市的本质、构成要素、创意环境。这些研究为本书奠定了理论研究的基础。自2004年10月联合国教科文组织成立创意城市网络以来,全球创意城市网络分为文学之都、电影之都、音乐之都、民间手工艺之都、设计之都、媒体艺术之都、美食之都共七大主题,截至2015年,已纳入爱丁堡、悉尼、格拉斯哥、圣达菲、柏林、北京、里昂、全州、名古屋等69个城市。这些创意城市的实践探索,为本书提供了实证研究的依据。

综上所述,本书用全球化视野观照文化园区的本质、发展目标、内在动力和衡量标准,基于创意城市的本质、构成要素、创意环境,探讨文化创造力的内涵、文化园区的特征。文化园区通过文化创造力去促进创意城市的文化生态建设与发展,是创意城市中激发文化创造力的空间载体,文化创造力在文化园区内实现高度的集聚与外溢。因此,文化园区的本质即是文化创造力的集聚与外溢。文化园区能否有效地提升文化创造力,更好地发挥集聚与外溢效应,是当下从创意城市视角去衡量文化园区是否具有发展动力的重要标准。本书正是试图构建文化园区发展的创新模式,以及促进文化园区文化创造力集聚和外溢的机制,总结具有普遍性、共性的规律,并通过选择典型案例检验文化园区提升文化创造力的创新模式。这对推进文化园区的创新发展、调整我国产业结构、优化城市发展路径、助推创意城市建设,均具有重要的理论和实践意义。

二、文献综述

(一)创意城市

创意城市的提出始于 20 世纪 80 年代末,到 90 年代已成为西方关注的焦点。学者大多从创意的起源、内涵、构成要素、类型划分、模式、指数等方面,对创意城市进行研究。

1. 创意城市的起源

(1)城市的形成与集聚经济

城市可以被理解为一个以获取集聚经济效益为目的的人口、经济和科学技术集中的地域。因此,城市规模就是人口、经济和科学技术等在一定地域的聚集。城市规模反映了大、中、小城市之间的相互关系,也是城市内部各种经济关系和内容的总和。①城市是国民经济的一部分,在地区活动中起着重要作用,因而对城市经济的研究较早引起了人们的关注。1776 年,亚当·斯密(Adam Smith)在《国富论》中就城镇功能、劳动分工促进城市经济发展提出诸多见解,涉及我们现在所说的外部经济、集聚经济等相关概念。他指出,越来越精细的劳动分工,使大量的熟练工人得以形成,为企业生产率的提高做出了贡献。企业的出现,带来了企业选址的问题。阿尔弗雷德·马歇尔(Alfred Marshall)在 1920 年出版的《经济学原理》中探讨了工业区外部经济的影响,指出企业为了节约成本而就近选址布局,这种聚集行为提高了企业所在地区的生产效率。1926 年,黑格(Haig)借助纽约城市的统计数据,第一次充分讨论了集聚经济对城市形成的影响,但是这项研究对集聚经济的理解是描述性的。到了 20 世纪 70 年代,城市经济学家开始用更为精密的计量经济学工具来讨论集聚经济的存在,这方面的论文的确表明大城市对吸引企业进驻具有很多独特的优势。②

(2)城市问题的产生与解决

在古代,西方城市的发展可以分为状态迥异的两个阶段,即初创时期城市的辉煌和中世纪城市的暗淡无光。在初步形成的城市体系中,古典文明体系中"人"的出现,使展现出人性光辉的古典城市开始出现并获得了长足发展。比如,象征古希腊文明的雅典的

---

① 黄谬. 城市经济学文献综述研究——基于城市经济学研究的基本问题的视角[J]. 环渤海经济瞭望,2013(2):56-59.
② 黄谬. 城市经济学文献综述研究——基于城市经济学研究的基本问题的视角[J]. 环渤海经济瞭望,2013(2):56-59.

高度发展,罗马城呈现出的古典文明所具有的兼容并蓄的特征,这些反映出古希腊城邦体制追求公共生活的社会心理,表明城市成为古典文明国家的精神、物质载体。但是,古希腊罗马创造的城市辉煌并没有延续下来。古希腊过于依赖公民机制,古罗马过于仰仗奴隶制度,注定它们无法抵挡新兴生活方式的冲击。刘易斯·芒福德(Lewis Mumford)指出,从城市化的角度来看,古罗马的城市历史曾不时地发出危险信号,警示人们城市发展过程中存在的问题:哪里人口过度密集,哪里房租上涨过快,哪里居住条件恶劣,哪里对边远地区实行的单方面剥削过度残酷以致影响现实环境的平衡与和谐。[①] 在古代,较西方城市发展而言,东方古典城市的兴盛与衰落更强调政治权利的支配,二者有着结构特点上的差异,但从城市整体发展水平来看,无论是东方古典国家还是西方城市,都面临着大致相同的城市危机。

20世纪90年代以来,随着世界主要国家先后进入工业化的中后期,全球经济联系和互动大大加强,城市空间专业化和劳动分工不断深化,以空间集聚、交易成本节约、分工和报酬递增为特征的城市化现象,日益成为推动人类社会经济发展的动力。城市经济发展路径的转换,促进了城市经济学的进一步发展。J.K.巴顿认为:"把任何系统地运用经济学原理去解决城市问题的企图,都当做城市经济学。"[②]山田浩之指出:"城市经济学就是抱着解决城市问题的愿望,从经济学的角度对城市的空间结构进行分析,探讨理

---

① 刘易斯·芒福德.城市文化[M].宋俊岭、李翔宁、周鸣浩,译.北京:中国建筑工业出版社,2009.
② 巴顿.城市经济学理论和政策[M].北京:商务印书馆,1984.

想的公共政策方案。"①沃纳·赫希认为:"城市经济学就是运用经济学原理和分析方法去研究城市问题以及城市地区所特有的经济活动。"②据此,对城市经济的研究从城市形成阶段延伸至城市经济问题,大多把城市作为一个整体,研究其经济繁荣和萧条的过程,集中表现为环境污染、交通拥堵、劳动力和土地成本高昂等城市经济的负外部性、"城市病"等问题,并提出促进城市经济发展的对策。"城市病"、经济衰退、竞争激烈,都要求人们转变发展思路,进行城市转型,增强城市竞争力,积极寻求城市可持续发展的模式,客观上促进了创意城市理论的形成与发展。

2. 创意城市的内涵

关于创意城市内涵的研究比较有代表性的人物是汤姆·坎农(Tom Canna)、查尔斯·兰德利、理查德·佛罗里达(Richard Florida)、彼得·霍尔(Peter Hall)等。英国经济学家汤姆·坎农认为创意城市就是"人的城市",大城市发展需要人的创造力,依靠人的力量推动大城市在全球经济中的竞争,人是城市发展中的软因素,人的创造能力塑造城市的未来,要"以人为本"地发展城市。查尔斯·兰德利、理查德·佛罗里达都明确提出应从人(创意阶层)的角度来理解创意城市的理念。彼得·霍尔认为创意是城市发展的核心动力,创意城市能够使外来移民快速融入,从而使城市更具创造力。

刘易斯·芒福德从城市经济的角度出发,指出城市像个大熔炉,吸纳了大量人口,提供了经济交流和文化融合的场所,并且能够传播

---

① 山田浩之.城市经济学[M].魏浩光、崔培文、蔡纪良,译.辽宁:东北财经大学出版社,1991.
② 沃纳·赫希.城市经济学[M].刘世庆、李泽民、廖果,译.北京:中国社会科学出版社,1990.

文化、激发创意、铭记集体记忆、推动社会进步。城市从其起源时代开始便是一种特殊的构造,它可以保存人类文明的成果,使人类文明的成果可以世代流传。城市人口的大量集聚使创意的产生成为可能。简·雅各布斯(Jane Jacobs)指出,现代农业通过成百上千的技术革新得以发展,而这些技术革新都是在城市中产生的。城市的价值不在于它能利用农村的剩余产品,而在于它能够创造新工作、新技术、新产品,从而提高社会生产力。除经济功能之外,城市还提供了文化交流与融合的场所,使得不同人员聚集在一起,有了文化碰撞产生并传播新的创意的机会。保罗·罗默(Paul M. Romer)指出,创意会提供大量获取财富的机会,创造广阔的新市场,催生无数的新产品,成为推动一国经济增长的原动力。创意城市以创意为根本,成为未来城市发展的新范式,城市建设的重点从物质设施的建设转移到创意的激发和实现。

　　作为一种新兴的城市范式,学者们对创意城市的内涵也有不同理解。彼得·霍尔认为创意城市具有动态性,不会按照固有模式和既定轨道发展,高度保守和固化的环境不利于创意城市的形成。查尔斯·兰德利将创意城市定位为能够借助文化或艺术的创造力,调动社会资源,来解决经济衰败的问题,实现城市复兴。理查德·佛罗里达提出了创意阶层对创意城市发展的重要意义。佐佐木雅幸将创意城市定义为由各种各样的创意生活圈和创新生活圈组成的推动创新和创意产业发展的城市。司各特(Scott)指出产业网络、地方劳动力市场以及创意场效应共同作用,推动了城市经济发展和企业集聚。

　　国内学者在西方学者研究的基础上,着重从创意能量、城市活力、生态可持续的角度出发,认为发展创意城市是推动城市复兴的一种模式,是实现城市持续发展的一种转型战略。厉无畏从创意城市重视消费者的行为对经济的导向作用出发,指出将科技、文化创意作为经济发展的核心驱动要素,可以解决发展中面临的能源紧张、环境恶化、产业结构落后等一系列问题,推动经济增长,使城市重新焕发活力。刘平指出,建设创意城市,不应局限于发展创意产业,而应致力于恢复城市固有的灵活、创造性等特质,鼓励社会各领域发挥创造力,构建能够根据自身发展状况进行"自由修正"的经济体系。创意城市能充分开发城市文化资源,发展创新型经济,实现城市的可持续发展。

3. 创意城市的构成要素

有关创意城市的构成要素的研究,较有代表性的是查尔斯·兰德利的"7要素说"、霍斯珀(Gert-Jan Hospers)的"3要素说"、理查德·佛罗里达的"3T理论"、格雷泽(Glaeser)的"3S理论"等。

查尔斯·兰德利提出了著名的"7要素说",他认为要发挥创意的作用,并将创意深植于城市组织结构内,需要从个人特质、意志与领导力、人的多样性、开放的组织文化、强烈的地方认同感、城市规划与空间设施建设、网络组织系统7个要素入手。[①] 查尔斯·兰德利的"7要素说"主要涵盖了"人"这一创意主体(个人特质、意志与领导力、人的多样性)、创意资源(能够激发创意的开放的组织文化以及强烈的地方认同感)、创意环境(城市规划与空间设施建设、网络组织系统)。

理查德·佛罗里达归纳了创意经济发展的"3T"理论,指出

---

① 查尔斯·兰德利.创意城市——如何打造都市创意生活圈[M].杨幼兰,译.北京:清华大学出版社,2009:167-197.

技术（Technology）、人才（Talent）和宽容度（Tolerance）是促进创意城市发展的关键要素。他特别强调人才对创意城市的作用,他认为以人才为代表的流动资本对区域经济增长起着重要的支撑作用,是创意城市形成必不可少的条件。城市的包容度体现了城市的开放程度、对外来元素的融合能力以及城市当前的多样性。创意人才愿意向有较高包容度、多样性以及对新观念持开放态度的城市集聚;创意人才的集聚也更容易产生新的人力组合,催生新的创意。文化创意产业具有知识密集型的特征,科学技术创新和人力资本的共同作用加速了知识流动,推动了文化创意产业的发展,催生了大量高科技企业,有效带动了就业率的提高。就业机会与人数的增长也从一定程度上提高了城市的包容度,让城市社会氛围和环境更加包容与开放,能够容纳不同人群多样化的理念,吸引更多的流动资本,激发更多的创意,加速城市向创意转型的步伐。随后,在"3T理论"基础之上,理查德·佛罗里达又补充了第四个"T",即领域资本（Territory assets）,主要是指一个社会（或社区）区别于其他社会（或社区）的独特的自然、建筑、社会、人文等环境因素。佛罗里达的这一观点对创意环境提出了更高的要求。

格雷泽认为理查德·佛罗里达的"3T理论"过度强调创意人才的作用,与人力资本理论并没有本质上的区别,因此他提出了"3S"理论,即技能（Skills）、阳光（Sun）和城市蔓延（Sprawl）。霍斯珀认为集中性（Concentration）、多样性（Diversity）和非稳定状态（Instability）三个要素促进了城市创意的形成,因此他提出了"3要素说"。他指出区域内一定数量的人口集聚是创意城市出现的必要条件,在人口集聚的过程中,创意人才要保证沟通交流的顺畅,以便产生新的灵感与创意。多样性既指来自不同群体、不同阶层的人群,尤其是创意人才的知识技能、文化结构,还指城市中建筑物的风格与经济体系。霍斯珀认为人才的集聚与多样化的氛围固然重要,但还不足以形成创意城市,他进一步指出,越是充满对抗和混乱的城市,越容易形成创意城市,即创意城市的形成存在"非稳定性"。霍斯珀的这一观点与彼得·霍尔的观点存在一致性,他们都认为当城市存在一定程度的混乱时,才有可能产生更多的创意,催生巨大的变化。

国内学者则将创意城市的构成要素概括为至少11项,如发达的创意产业、良好的经济和技术基础、优良的文化和社会生态、良好的文化氛围、一定数量和水平的受众[1]、密集的创意阶层、强大的技术创新能力、众多知名的大学、高效的知识产权保护体系[2]、高效合理的公共管理软环境以及为创意阶层提供的发展动力[3]。学者们也对创意情境或创意氛围进行了研究,这一研究以司各特的"创意场域"研究为代表。他将产业综合体内促进学习和创新效应的结构称为"创意场域",认为创意场域一般由基础设施和地方学校、研究机构、设计中心等社会间接资本组成,是任何生产和工作的集聚结构中的文化、惯例和制度的一种表达。[4]

对于创意城市的构成要素,学者们的研究各有侧重,形成了各自不同的理论基础。但综合来看,在对创意人才、技术、创意氛围等方面的认同,学界存在一致性。创意城市的发展离不开技术

---

[1] 厉无畏.迈向创意城市[J].理论前沿,2009(4):5-7.
[2] 盛垒,杜德斌.创意城市:创意经济时代城市发展的新取向[J].经济前沿,2006(9):21-25.
[3] 王克婴.比较视域的国际创意城市发展模式研究[J].山东社会科学,2010(4):39-44.
[4] 褚劲风.国外创意产业集聚区的理论视角与研究系谱[J].世界地理研究,2009,18(1):108-117.

创新,而创意人才是技术创新的主体,良好的创意氛围能充分吸引创意人才的集聚。各要素彼此影响、彼此制约、互相促进,共同作用于创意城市的形成与发展。

4. 创意城市的类型

有关创意城市的类型、模式的研究,以彼得·霍尔和霍斯珀为代表。彼得·霍尔将创意城市划分为技术生产创新型、文化智能创新型、文化技术创新型三种类型。霍斯珀在彼得·霍尔的基础上,从经济与城市发展进程角度,总结出技术创新型城市、文化智力型城市、文化技术型城市、技术组织型城市四种创意城市类型。[①] 国内学者王克婴从国际创意城市发展实践出发,依据城市发展的资源基础,将创意城市分为自然资源主导型和人文资源主导型两种;并基于城市不同的发展路径和创意城市发展的最终形态,又将创意城市归纳为单一特色创意城市、复合型特色创意城市、综合型特色创意城市三种模式。[②] 王慧敏从创意者、消费者、管理者三大主体形成合力的角度,基于创意形成、转化、消费三个环节,对创意城市的发展路径进行了有效设计。[③] 现阶段国内学者对创意城市的探讨,大多是搬用外国理论,缺乏本土化的创新改造。

5. 创意城市的指数

有关创意城市的指数,国内外学者进行了大量实践研究。国外研究主要是集中在查尔斯·兰德利"7要素说"基础之上提出的

---

① GENT-JAN HOSPERS. Creative cities: breeding places in the knowledge economy[J]. *Knowledge Technology & Policy*, 2013, 16(3):146 – 150.
② 王克婴. 比较视域的国际创意城市发展模式研究[J]. 山东社会科学, 2010(4):39 – 44.
③ 王慧敏. 创意城市的发展模式[J]. 上海国资, 2011(4):20 – 21.

创意城市指数,理查德·佛罗里达在"3T 理论"基础上提出的创意城市评价指数,理查德·佛罗里达与泰内格莉(Irene Tinagli)提出的欧洲创意指数等。国内对创意城市评价体系的研究,较有影响力的是2004 年香港大学文化政策研究中心界定的香港创意指数,构成所谓的"5C 模型",即创意的成果、结构及制度资本、人力资本、社会资本、文化资本五个方面。① 2006 年,上海市创意经济中心编制完成的上海城市创意指数,从产业规划、科技研发、文化环境、人力资源、社会环境等五个方面对上海市创意经济竞争力进行评估。

综合来看,对创意城市相关内容的探讨,国外学者侧重于从社会、经济、文化的综合视角出发,特别是从创意阶层这一"人"的要素出发,阐述创意城市发展的背景、条件,衡量城市的创意成效,更注重人的因素对城市的发展作用与城市发展对人的生活质量的提高。国内创意城市建设尚处于探索阶段,学者的研究偏重于从经济和产业的角度,衡量创意经济的产出效益,关注文化资本和社会资本对创意城市建设的促进作用。

(二) 文化创造力

文化创造力是人类高级思维的特定产物,是社会进步的推动力量。德国哲学家海德格尔将其作为对人之存在的最本真的解释,认为文化创造力是人之所以为人的精神所在。杜刚指出从文化哲学视角来看,文化创造力是人的综合知识、能力以及素质的集中体现,是文化创造的基础和前提;而文化创造则是人类的本质机能,它推动着人类自身与人类社会的进步和发展,文化创造力是人

---

① 许焯权.香港文化及创意产业:新的发展视角和策略[J].探索与争鸣,2007(8):30-31.

类所独有的本质特征。文化创造力总是通过人的现实创造成果体现出来,具体表现为人的创造能力和水平。从人类学意义上来讲,文化创造力突出表现为现实的人的创造力,即创意、创新、创造的能力和潜力。①

1. 文化创造力的产生动机

一般来说,文化创造力的产生动机分为内部动机和外部动机。邢巨娟认为内部动机主要通过文化主体的超越本性、文化主体的内在需求以及文化主体的历史责任三个方面来体现,并特别强调文化创造是人的本质特征,是人不断追求超越自我的根本体现;而外部动机则包括激励和压力两种类型,来自外界的合理有效的压力会激发文化创造力的实现,而适当的激励能够给予创造主体一定的创造信心。除此以外,创造热情和良性的创造环境也被认为是文化创造力得以实现的动力。② 徐海荣指出:"文化创造精神是勇于在文化上进行发明创造、革故鼎新的精神。"③Gunnar Tornqvist 认为创意环境的关键特征是创造力。Ake Andersson 将原创知识和能力归入创意环境发生的严格环境。④ 文化创造力对创造主体、创造环境的要求与创意城市对创意阶层、创意环境的需求具有一定的一致性。作为文化产业的核心力,文化创造力对文化产业及其相关领域具有主导性的影响。

---

① 杜刚.浅谈文化创造力与文化创新机制[J].黑龙江社会科学,2012(1):30-34.
② 邢巨娟.论文化创造力及其产生动机[J].沈阳农业大学学报(社会科学版),2013,15(1):111-113.
③ 徐海荣.让全民族文化创造活力充分迸发[J].人民日报,2013-02-06.
④ PETER HALL. Creative cities and economic development[J]. *Urban Studies*,2000,37(4):639-649.

2. 文化创造力的形成

国内学者对于文化园区创造力的研究,也多从文化产业集群角度出发。向勇、康小明指出,文化产业集群就是在文化产业领域中(通常以传媒产业为核心),大量联系密切的文化企业及相关支撑机构在空间上集聚。欧阳友权认为,文化产业集群是指相互联系的多个文化企业或机构共处一个文化区域,形成产业组合、互补与合作,以产生孵化效应和整体辐射力的文化企业群落,并将文化产业集群划分为核心文化产业集群、外围文化产业集群和相关支撑机构等。① 文化园区作为文化类企业的空间集聚区域,服务于园区内的文化企业和创意人群,加速文化资源的流动与更新。现代经济学理论认为,企业能够实现整个社会经济资源的优化配置,以此来降低整个社会的交易成本,其本质是一种资源配置的有效机制。文化企业作为后工业化社会中的新生事物,"以创新思想、技巧和先进技术等知识要素为核心,通过一系列创意活动,引起生产和消费环节的价值增值,为社会创造财富和提供广泛就业机会"。② 较其他产业类型的企业而言,文化企业对物质资源的依赖性较低,实现利润的主要途径在于增强文化资源的转换能力,即创新、创意等文化创造力所产生的增值效应。文化园区服务功能的提升,能进一步吸引和汇集大量创意人才和创意企业,为其提供更大的发展空间,强化集聚效应。马仁锋将创意园区归为保持企业间的网络与集体学习的产物,指出它的功能来源于集聚效应促进创意的

---

① 樊盛春,王伟年. 文化产业园区理论问题探讨[J]. 企业经济,2008(10):9-11.
② 陈亚丽,黄涛珍,张燕. 基于可拓物元法的创意企业创造力综合评价[J]. 华东经济管理,2013(2):167-171.

持续生产;认为创意园区作为创意力高度密集的空间单元,主要通过组织学习与网络互动的形式来提供创意力的产生。① 张书认为,创意园区强调文化创意,既是文化生产的地方,又是文化消费的地方,多样性、变化性是其基本特点,完整的上下游产业链为文化创造力的落地与推进提供了空间平台。②

3. 文化创造力的外溢

国内外学者大多从知识、技术外溢的角度,研究文化创造力的外溢。克鲁格曼指出:"知识的外溢性是如此的重要以至于没有知识会因为城市边界、州界或是国界的原因而停止其外部性。"③A. Ciccone和 R. Hall 研究发现,区域之间的知识扩散的确存在,但随着距离的增加迅速减弱,地理位置接近起着重要作用。④ 文化园区通过文化企业以及由企业集聚起来的创意人群,与园区外的居民、企事业单位、政府部门进行频繁的交流互动,发挥文化创造力的辐射功能,形成知识、技术的外溢效应。赵谦认为:"创意产业园区使得包含人类资本和知识资本在内的知识创新得以加速扩散。"⑤一个城市要获得竞争优势,需要高度专业化的相关产业在空间上的集聚,使企业之间形成合作竞争的关系网络,加快知识和技术的扩散,分享规模经济和范围经济所带来的

---

① 马仁锋.创意产业区演化与大都市空间重构机理研究[D/OL].上海:华东师范大学,2011.
② 张书.我国文化创意产业园区的发展现状及存在问题[J].河海大学学报(哲学社会科学版),2011,13(2):81-83.
③ 魏立萍,陈东.知识外溢与创新的集聚——基于知识产品函数的一个理论综述[J].江西财经大学学报,2008(6):25-28.
④ 陈建军,葛宝琴.文化创意产业的集聚效应及影响因素分析[J].当代经济管理,2008,30(9):71-75.
⑤ 赵谦.关于创意产业园区的理论与实证研究[O/OL].北京:北京交通大学,2007.

巨大优势。

文化创造力外溢为不同文化企业提供了合作的基础和前提,有利于集群中的企业创新发展。知识外溢越多,越有利于竞争合作机制的形成。黄坡、陈柳钦指出:"技术的外部性能使企业通过产业内或相关产业的其他企业的技术外溢和边干边学中获得新技术、新知识、新管理、新工艺,从而带来自身生产效率的提高和生产成本的下降,使企业获得外部性带来的好处。"[1]傅林通指出,当一个企业有意向与其他企业建立长期合作时,愿意用短期的成本投入来建立良好的声誉,在长期合作中,企业之间为了建立良好的声誉,还会主动促进知识外溢,巩固企业之间基于知识共享的合作机制。[2] 但同时,知识外溢也会挑战原有文化企业的垄断地位,打击双方的合作意愿和创新积极性。雷宏振、宋立森根据知识创新与模仿的螺旋式推进结构模式指出:"区域内的文化企业会因为部分知识溢出而丧失市场的绝对垄断权,使自己的一部分权益被其他文化企业免费或低成本共享;但从长远来看,整个文化企业聚集会为其提供更多的竞争机会,包括去获取其他文化企业具有相对优势的知识溢出。"[3]因此,从文化园区的长期发展来看,以知识技术为核心的文化创造力外溢,有利于推动产业的生产要素向新的区域梯度推移,形成产业经济规模、推进城市化进程。

---

[1] 黄坡,陈柳钦.外部性、产业集群与城市化[J].重庆社会科学,2006(7):18-24.
[2] 傅林通.发挥产业集群知识外部性作用的创新途径[J].内蒙古农业大学学报(社会科学版),2008,10(4):118-120.
[3] 雷宏振,宋立森.文化产业集群内组织间的知识外溢对知识创新的影响研究[J].软科学,2011,25(4):14-18.

(三)文化园区

1. 文化园区的概念

作为文化产业发展市场的主体,中小微企业在资金、运营、市场等方面存在较多困难。文化创意以及相关产业在一定区域内的集聚,能够使企业降低信息成本、优化资源分配、改善运营管理,从而提高企业效益和产业发展效率。国内外学者对这种文化创意产业的集聚现象进行了大量的理论和实证研究,从不同角度对这种现象进行了界定。

"集群说"来源于学者对文化创意产业集聚发展这一现象的观察,借鉴国内外发展成熟的产业集聚理论,提出"创意产业集群""创意产业集聚区""文化创意产业集群""文化园区"等概念。虽然学者们对文化园区的概念描述有所不同,但对文化园区本质的认识基本一致。他们大多从产业集群角度出发,认为文化园区是集聚空间的一种整合,注重集群效应的发挥。赵丹将文化创意产业集群定义为"在文化创意产业领域中,由众多独立又相互关联的文化创意企业以及相关支撑机构,依据专业化分工和协作关系在一定区域内集聚形成的产业组织,其包括文化创意产业链上所有上下游企业"。[①] 赵谦认为园区经济的本质与核心机制就是生产要素与产业的空间集聚,就是产业集群。"文化园区是运用政府或自发力量造成创意企业与组织的地理集中,是产业集群的一种实践体现。"[②]陈倩倩、王缉慈指出创意产业集群对创意产业发展具有积

---

① 赵丹.创意产业集聚区发展模式研究[D/OL].大连:辽宁师范大学,2009.
② 赵谦.关于创意产业园区的理论与实证研究[D/OL].北京:北京交通大学,2007.

极作用,集群内的创意企业和个人受益于企业合作网络,创新活动更为频繁并能够得以持续。① 康小明、向勇将这种大量文化产业企业及相关支撑机构在空间上的集聚现象称为"文化产业集群"。② 赵迎芳认为:"文化产业园区是指集聚了一定数量的文化企业,具备一定的产业规模,具备自主创新能力,具有孵化器功能,并具有专门服务管理机构和公共服务平台,能提供相应基础设施和公共服务的综合集聚区。"③陈颖将"创意产业集聚区"定义为在创意产业领域中,大量联系密切的创意企业以及相关支撑机构在空间上集聚,通过协同作用,形成强劲、持续竞争优势的现象。此类集聚现象与一般产业集聚类似,通过空间上的集聚和专业化的分工,提高产业发展效率。此外,创意产业把知识创新和技术创新放在首位,因此,知识产权保护制度的建立是创意产业集聚区得以稳定发展的保障。④ 鲍枫综合分析文化创意产业内涵和集群特点之后,提出"文化创意产业集群"的概念,并将其定义为"在文化创意产业及其相关的领域中,由许多互相独立又相互关联的文化创意企业及支撑机构,依靠专业化分工和相互协作在一定区域内集聚而成的产业组织"。根据集群的形成原因,文化创意产业集群可分为文化式集群和区位式集群;按照集群的结构,文化创意产业集群又可分为轮轴式集群和大饼式集群。⑤ 郭全中指出这种"以文化产业为核

---

① 陈倩倩,王缉慈.论创意产业及其集群的发展环境——以音乐产业为例[J].地域研究与开发,2005,24(5):5-8.
② 康小明,向勇.产业集群与文化产业竞争力的提升[J].北京大学学报(哲学社会科学版),2005,42(2):17-21.
③ 赵迎芳.山东省文化产业基地建设的对策研究[J].山东农业大学学报(社会科学版),2009,11(3):86-89.
④ 陈颖.创意产业集聚区环境优化设计及应用研究[M].杭州:浙江大学出版社,2012.
⑤ 鲍枫.中国文化创意产业集群发展研究[D/OL].长春:吉林大学,2013.

心所形成的产业集群在特定地理区位上的聚集,其本质是创意和创新",并称其为"文化园区"①。Nolapot Pumhiran 和 Wansborough &Mageean 均将文化产业园区定义为一个空间有限和具有明显地理区域,文化产业和设施高度集中的地方。这些集群由文化企业和一些自己经营或自由创作的创意个体组成。园区内特殊活动可包括儿童玩乐的场所、图书馆、开放和非正式的娱乐场地。在这些园区中鼓励文化运用和一定程度的生产和消费的集中。②张学冬指出文化创意产业的集聚现象能够实现规模经济和集聚效应,降低企业生产成本,提高其竞争优势;此外,企业所需的金融、税务、物业等多方位的服务也集聚于此,通过公共服务平台向企业提供便捷全面的服务。这种"集多种功能为一体的文化产业园"被称为"文化创意产业园"。③"文化创意产业园"概念的提出丰富了文化创意产业集聚的内容。只有深度发挥集聚效应,提供必需的公共服务,文化创意产业园区才能健康、稳定、持续地发展。

尽管上述关于文化创意产业集聚现象的概念各异,但是其内涵、本质、特征是一致的,可归为"集群说"一类。"集群说"以产业集聚理论为基础,关注产业集聚现象对某个区域获得竞争优势的影响,产业组织内部上下游企业间的协同合作对产业的促进作用,集群内部与外部的政府、高校、科研单位的互动合作。由于产业集聚理论源于对工业地域分布的观察,因此,"集群说"带有浓厚的产业研究色彩,而忽视了文化创意产业对文化创造力的高要求、对智力资源的依赖、对城市精神的塑造。因此,简单地将产业集聚理论

---

① 郭全中.我国文化产业园区研究[J].新闻界,2012(18):62-67.
② 樊盛春,王伟年.文化产业园区理论问题探讨[J].企业经济,2008(10):9-11.
③ 张学冬.文化创意产业园发展模式研究[D/OL].长春:吉林大学,2013.

套用在文化创意产业集聚现象的解读上,无疑是不合适的。

与关注文化产业本身不同,研究者从城市可持续发展的角度,重新审视文化创意产业集聚现象。研究对象从单一的产业型文化园区扩展到产业型、机构型、博物馆型、都市型,研究范围的扩大直接影响到学者们对文化企业集聚现象的认识。[①] 肖雁飞、廖双红观察到艺术家们进驻城市中"被抛弃"的空间后,为这些区域重新注入了活力,开创了"旧区新产业"发展模式,并使之逐渐发展成为"旧城复兴"的经典模式。创意产业区是"基于当地特定文化和制度背景所形成的创意网络,创意活动在城市特定空间内相邻集聚,大量创意企业和相关机构通过竞争和合作关系形成创意集中、创新和合作竞争的产业空间组织"。创意产业区是"新产业区"这个大类里的一个分支,具有"新产业区"的特征,即创新型企业在一定经济空间上的集聚,同时也具有"新经济空间"的特征,即对城市空间的创新。肖雁飞、廖双红将创意产业区放置于城市发展和功能转变的大环境中,讨论创意产业区的空间创新功能。[②] 然而,创意产业区对城市的影响不仅体现在空间创新,还体现在对城市创造力的释放和促进。当我们重新审视文化创意产业在一定经济空间上的集聚现象时,应把产业的外溢效应放置于与集聚效应同等重要的位置。

2. 文化园区的发展模式

目前,国外学者对文化园区发展模式的研究主要集中在以下

---

① 樊盛春,王伟年.文化产业园区理论问题探讨[J].企业经济,2008(10):9-11.
② 肖雁飞,廖双红.创意产业区新经济空间集群创新演进机理研究[M].中国经济出版社,2011.

几个方面:从空间角度看,德瑞克·韦恩认为,文化园区指的是特定的地理区位,其特色是将城市的文化与娱乐设施集中在该地理区位内,文化园区是文化生产与消费的结合,是多项使用功能(工作、休闲、居住)的结合。Hilary Anne Frost-Kumpf 认为文化园区指的是一个在都市中具备完善组织、明确标示、供综合使用的地区,它提供夜间活动且延长地区的使用时间,让地区更具有吸引力;提供艺术活动与艺术组织所需的条件,为居民与游客提供相关的艺术活动;为当地艺术家提供更多就业或居住的机会,让艺术与社区发展紧密结合。① 从形式角度看,文化园区集聚了非营利性机构、文化机构、艺术组织以及艺术家等大量创意人才。Drake 指出影响创意园区的区位因素总体上可以分为四类:区位本身的环境、区位里密集的社会文化活动、区位的声誉和传统、区位里包含的各种创意人才的团体组织。② 从可持续发展角度看,文化园区更注重与社区、居民生活的融合与可持续发展。Michael Keane 指出文化产业的集群式发展对重塑政府与企业、当地居民以及文化创造者之间的关系具有深远影响。从利益相关方的角度看,Zielke、Philipp 和 Waibel、Michael 通过比较中国北京和上海对创意发展的管制,得出创意空间的发展需要从土地使用权限转变、监管机构、沟通形成者和开发者的中介、投资者和公共资金的集散者、监测当地经济发展的主管以及创业空间主管这几个角色来共同努力。③ 对于文化园区的发展模式,国内学者进行了理论与应用层面的探索。在理论

---

① 樊盛春,王伟年.文化产业园区理论问题探讨[J].企业经济,2008(10):9-11.
② 刘丽,张焕波.北京文化创意产业集群发展问题研究[J].中国农业大学学报(社会科学版),2006(3):47-52.
③ 谭毅菁.基于推拉理论的文化创意园区游客动机实证研究[D/OL].广州:暨南大学,2014:13.

研究层面,国内学者多基于一种或多种理论体系来阐述和论证文化园区的发展模式。赵丹运用增长极理论,提出打造"极化区"的发展模式,运用产业关联发展理论,设计了梯度推移开发、楼宇集聚关联、产业链、BOT、服务外包、老厂房改造六种模式。① 薛可等人从产业动力学角度,总结了上海张江高科文化园区在总体策略、实施主体与服务举措、金融投资、科技创新与相关结果、产权交易五个方面的发展模式。② 吴开嶂综合产业集群理论、竞争力理论和孵化器理论,指出形成文化园区发展模式时应考虑基础设施、品牌、创意阶层、生活品质、政策扶持和园区服务六个因素。③ 丁立义通过共生理论,构建了文化园区内外的四种共生行为模式,即互惠共生模式、竞争与协同模式、根植性与外部联系的开放模式和资源共享模式。④

在产业应用层面,现有研究则多从文化园区管理主导力量、管理职能、资源要素、地域特征等方面切入,分析园区的形成机制、地理区位、发展特征、运营管理现状及问题,研究文化园区的发展模式。如依据园区管理主导力量和运营管理职能的不同,褚劲风将创意产业的集聚与运行分为市场需求自发型、政府主导导向型、自发与导向协同型三种模式。⑤ 魏鹏举等人将文化园区细分为"以人为本"和"依市相生"两类,认为"以人文本"的园区在管理方式上

---

① 赵丹.创意产业集聚区发展模式研究——以大连市沙河口区为例[D/OL].长春:辽宁师范大学,2009.
② 薛可,余明阳,黄晶,陈艺.上海文化产业发展模式研究——以张江高科文化产业园为例[J].中国文化产业评论,2011(1).
③ 吴开嶂.杭州文化创意产业园区发展模式研究——以西湖区为例[D/OL].杭州:浙江工商大学,2012.
④ 丁立义.基于共生理论的创意产业园区模式创新研究[D/OL].武汉:武汉理工大学,2013.
⑤ 褚劲风.上海创意产业集聚空间组织研究[D/OL].上海:华东师范大学,2008.

主要依靠"自律自治",政府的介入应以提供服务为主,"依市相生"的园区则需要政府的法制监管来完善经营模式,以实现可持续发展。① 朱海霞等人提出了基础设施建设模式、公共文化项目建设模式、文化产业集群模式三种运营模式。② 依据园区环境资源要素配置的不同,褚劲风总结了都市工业园伴生模式、中心裂变模式、"人"字形多轴延展模式三种演进过程。③ 戴钰把文化园区划分为依托原有资源自发形成模式、原有资源改造利用模式、原有资源提升利用模式、全新规划建设模式。④ 赵玉石将文化园区分为"政府主导的外生式"和"市场主导的内生式"两种发展模式。⑤ 依据园区地域发展特征的不同,许莉提出了适合我国地域发展特征的园区模式。⑥

三、研究思路与创新点

(一)研究思路

本书从创意城市视角,运用创意城市、文化创造力、文化园区模式等现有研究理论,采用历史归纳、逻辑演绎、理论研究、比较研究、定性分析等研究方法,界定文化园区的概念、挖掘其特征,并指出文化园区的本质是文化创造力的集聚与外溢。在此基础之上,

---

① 魏鹏举,杨青山.文化创意产业集聚区的管理模式分析[J].中国行政管理,2010(1):81-83.
② 朱海霞,杨博,权东计,王峰.西安曲江文化产业园区运营模式的特质分析[J].中国软科学,2011,(S1):152-162.
③ 褚劲风.上海创意产业集聚空间组织研究[D/OL].上海:华东师范大学,2008.
④ 戴钰.文化产业空间集聚研究——以湖南地区为例[D/OL].武汉:武汉理工大学,2012:76-80.
⑤ 赵玉石.中美创意产业园区发展模式比较研究[J].社会科学战线,2013(9).
⑥ 许莉.文化创意产业园区投资决策及运营模式研究[D/OL].北京:北京交通大学,2012.

构建提升文化创造力集聚与外溢效应的文化园区创新模式,进行实证研究、提出发展建议(如图1)。

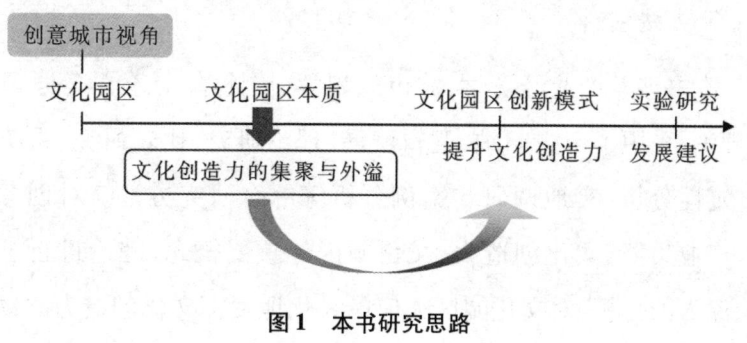

图1 本书研究思路

(二)创新点

1. 视角创新

在创意经济的迅速推动下,创意城市是未来城市最具竞争优势的定位。未来的创意城市应立足于发展创意经济、集聚创意人才、营造文化多样性、构建知识创新环境、强化信息技术创新体系。本书立足于创意城市,从创意城市构成的核心要素出发,指出文化园区作为创意城市中更好地激发文化创造力集聚与外溢效应的空间载体,其发展的内因是文化创造力的集聚与外溢,进而重新评估文化园区发展的动力,构建适宜我国的文化园区创新模式,助推我国创意城市的建设与发展。

2. 内容创新

本书立足国际创意城市文化园区发展的实际,结合创意城市对创意阶层、创意环境、科技创新、文化多样性、生态可持续性等要素的要求,指出创意城市发展的动力是城市创新活力,进而分析如何更好地发挥文化创造力的集聚与外溢效应,构建文化园区提升文化创造力的创新模式。

3. 方法创新

本书涉及产业经济学、城市规划学、传播学、社会学等学科相关理论,采用了历史归纳、逻辑演绎、理论研究、比较研究、系统分析、定性分析、实地调研与案例分析等综合研究方法。对创意城市、产业集群、文化创造力、文化园区等重要概念、理论进行了系统、深入的分析,对文化园区如何最大化地发挥文化创造力的集聚与外溢效应的内外部要素和系统机制进行理论构建,通过对文化园区的案例分析、实地调研,对文化园区提升文化创造力的创新模式进行实证研究。

第一章 创意城市视角下的文化园区

创意城市汇聚了丰富而各具特色的创意资源,文化与科技的创新发展从根本上突破了原有的经济发展方式,将城市建设的重点从物质设施的建设转移到创意的发挥。创意城市中文化园区的集群式发展消解了地理空间的概念,赋予园区新的发展特征。通过文化创造力的发挥,文化园区促进了文化资源的流动、融合,促进了创意城市的发展。

第一节 创意城市视角下文化创造力的内涵

创意城市要实现可持续发展,离不开以文化力、科技力为核心内容的文化创造力。文化创造力作为一种充分发挥主观能动性的实践力,产生于人类历史的一定阶段,并在不同的发展阶段呈现不同的发展内涵。本节从创意城市视角出发,结合一定的文化环境、主体需求、产业业态,对文化创造力进行了全新的阐释。

一、创意城市的文化创造力

城市需要以持续的社会和政治创意去解决其政治、经济、社会、文化发展过程中的各类问题。传统观念认为,创造是少数精英的事情,而与普通大众无关。迈克尔·杨认为,社会并非真如工程技术人员所设计的机器一般,其更多是有机的、自组织的系统。因此,未来城市可以从生活在该城市的个体与群体中获得更多解决城市问题的灵感及办法,这种创造力是社会的、协作的、积累的过程。城市的创造力广泛存在于城市生活的各个方面,它建立在开放且不受特定规则束缚的城市生态环境之下。一个成功的创意城市常常会允许更多的空间存在多种可能性,以适应自身快速的更新变化,鼓励大众将创意或创新的思想落实到其居住或工作的空间,鼓励集体性、志愿性的自控活动。这就需要以更为有效的方式,动员或联合一切有助于激发城市创新活力的能力,这种能力存在于创意城市的各个角落,如科研院所、高校或企业、市政大厅或中介服务机构、茶社或咖啡馆、公园或餐厅,乃至是社区团体或广场之中。可以说,城市创造力的彰显是政治力量、经济力量、学研力量、社会力量的良性结合。城市创造力既要创造外在的硬件环境设施,又要注重城市创意氛围的营造。① 如今,城市发展问题更为关注如何实现城市中人与人之间的融洽交流、社会网络的有效运作,提升居民行为能力与协作精神,以实现创意城市可持续发展的目标。而其解决途径,往往是通过社区与邻里之间基于临近的

---

① 李敢.从"烘焙"到"熟化",社会创新之设计与发展——欧洲"城市创造力与社会创新"系列研究之译介与议评[J].中共四川省委党校学报,2012(3).

地域及共同的责任感,促使居民对其居住地产生新的认知,并适度而恰当地改变或创新生产和生活方式。富有创造力的城市经济,常常是创意经济与商业经济的复合体,能够创造新的就业机会,吸引优秀的外来人员,提供更多与众不同的灵感、想法和技能,促进新的创意的产生与发展。

创意城市的文化创造力是一种文化力。在第十七届全国心理学学术会议上,郭晓亭、胡卫平等人指出,创造力在心理学上的研究轨迹,大致包括:天才视角,研究为人类社会带来历史变革的新想法、新产品,这一视角强调创造者的生物遗传性和特殊人格特质,忽略了知识成果的积累以及社会环境的刺激;个体视角,研究创造性解决问题的认知过程、创造力潜能测试以及潜意识自我实现需要,这一研究视角只是由普通人取代了天才,屏蔽了外界环境条件以及忽视了社会对创造力的价值导向作用;社会视角,研究过程中更加关注创造力发生发展的环境因素,考察创造力的社会心理机制。在创造力研究的传统理念中,文化作为社会因素中的核心内涵变量,极容易被天才和个体视角所忽视,也容易被排除在社会视角作用下的创造活动之外。① 美国心理学家阿瑞提(S. Arieti)认为,创造力的根源在于人的本质。② 而人的本质主要体现为文化的特性,因而,创造力具有文化的性质,人类创造力发展的高峰时期往往是文化与文明高度发展的阶段。离开一定的文化,创造力是不可能产生的。创造力与文化相辅相成,离开文化谈创造力,往往看不到创造力的实质;离开创造力谈文化,容易导致片面的结

---

① 郭晓亭,胡卫平,衣新发,程丽芳,谢丹,申超男.创造力的内涵演化:文化视角的兴起[C].全国心理学学术会议,2014.
② 阿瑞提.创造的秘密[M].钱岗南,译.沈阳:辽宁人民出版社,1987:531.

论。因此,文化创造力的产生首先是时代和文化的产物,其次才是个人的产物。

创意城市的文化创造力是一种科技力。从人类文明发展的进程来看,科技创新与文化之间存在一种互动关系。科学技术的发展改变了人类的思维方式和生存状态,形成了主流的科学文化特质;文化对科学技术的发展也具有积极的引导作用,文化传统与思维方式的差异一定程度上影响着科学技术的产生、发展以及功能的发挥,从而形成科学文化的多样化表现。创意城市较之一般城市,集聚了大量的文化企业、创意人才等资源,形成了多样化的文化创意环境和稳定的合作关系,减少了不确定性,促进了新知识、新技术和新业态的产生。从资金与人才的投入来看,技术创新主要产生于创意城市之中,创意城市数量的增加、规模的扩大,都有利于技术创新能力的提升。从影响技术创新的环境要素来看,创意城市在专业化、多样性、基础设施、人力资本、信息交流、交易效率等方面的优势,也有利于技术创新的产生与扩散。科技创造力的发挥丰富了传统文化活动、提升了文化活力,为文化创造力的有效发挥提供了多样化的方式和途径,推动了创意城市中新兴业态的发展。文化创造力的集聚与扩散,加速了知识、信息的传播与流动,提升了科技创新的能力与效率,促进了科技创造力的产生与发展。

在创意城市的创新发展中,以文化力、科技力这两种创造力为主要内容的文化创造力的发展,对解决城市发展难题、加速城市更新、提升城市创新活力,实现城市协调、可持续发展发挥了重要作用。

二、文化创造力的内涵

文化创造力的实现过程是否定"旧质"、产生"新质"的过程,文化创造力不仅能够提高生产力水平、改善人们的生存状况,而且能够加快现代文明发展步伐,促进文化的提升和发展,从而为城市、地域、国家、民族提供更为强大的文化创造活力,进而推动城市的再生、社会的创新发展、加快创意城市的崛起。[①] 创意城市以创意经济为支撑,而创意经济的核心恰恰正是文化创造力,创意城市的建设更为迫切地需要文化创造力的实现。

(一)知识和价值再创造

从社会学角度而言,创造是将两个以上的概念或事物按照一定的方式联系起来,把先前没有的事物创立或产生出来,以达到某种目的的行为。这些都是典型的人类自主和能动的行为,是人类所特有的、有意识地对世界进行探索的行为。创造力正是人类特有的一种综合能力。文化创造力是文化主体在对传统文化、先进文化了解与研究的基础之上,源于文化自觉,借助文化批判,充分发挥主观能动性,进行知识创造和价值创造的一种能力。文化创造力的发挥对推进科技进步,提升新技术、新知识的应用能力,创造新的经济增长点,促进创意经济的繁荣,解决城市发展问题,加速城市改造更新,增强城市创新活力都起到了至关重要的作用。

纵观人类发展史,作为文化主体的人,总是在对自身存在方式

---

① 杜刚.浅谈文化创造力与文化创新机制[J].黑龙江社会科学,2012(1):30-34.

及其演变过程不断进行检视和反思,然后进行自我否定,继而寻求新的发展,以此来实现更高的生产和生活目标。这一批判和改造的实践过程,就是进行文化创造、实现文化理想的过程。从本质上来讲,无论是文化批判还是文化理想,都是文化自觉的表现形式,是人类发挥主观能动性的实践行为。其实,对于人类而言,"无论是自身生存还是发展,无论是认识世界还是改造世界,都会不断地催生文化自觉,在文化自觉的基础上形成文化创造力"。① 文化创造力体现了作为文化主体的人,通过自身创造性的实践活动,在既有文化传统与文化成果的基础之上批判性地传承和发展,一次次实现着文化自身的突破与超越。

文化创造力来源于人的实践活动,是人在创造新理念、新知识、新价值的实践活动中表现出的解决问题、处理问题的能力。人的实践是文化创造力产生的动力源泉,文化实践活动的经验和成果为文化创造力的发挥提供了基础条件。由实践产生的需求促进了文化创造力的实现,文化创造力的实现也进一步推动了新的实践发展。文化创造渗透于人的文化实践活动中的各个方面,集中体现为知识和价值的创造。人在实践活动中对自然、社会、经济、文化等规律的认识过程正是对知识的创造过程。而价值的创造则进一步表现在实践过程中文化主体对自身存在和发展意义的再认识。人的实践创造活动不仅增强了人的思维能力,打破了人的思想桎梏,还能够激发人的文化创新的勇气与活力。总之,文化创造力是文化主体在文化实践中,不断释放和展现的一种自身潜在的

---

① 高娟. 马克思主义大众化语境下的青年文化创造力培养[J]. 云南行政学院学报,2013(2):171-173.

实践能力。它往往通过人的实践创造成果加以体现,这充分彰显了人的自由与能动的本质特征。

(二)超越本性、内在需求与历史责任

文化创造力是创造主体为了实现某种既定目标,自觉、主动地调动自身的创造积极性,完成某种创造活动时所表现出来的个性品质,是人类产生新思想、创造新事物的特有能力。文化创造力的产生动机是文化创造活动的开端和源头,它开启了创造过程,激发了创造活力,催生了文化创造活动,并在整个创造进程中不断激发创作主体的创造激情。从心理学角度而言,文化创造力产生的内部动机主要通过创造主体自身的超越本性、内在需求以及历史责任三个方面体现。

文化存在于社会历史的变革中,其发展是多样的、复杂的、动态的。在社会生活中,人类存在于一定的社会历史环境中,不断地发现、解决新问题,获得心理慰藉,实现新的突破和成长,以此来推动历史文化的新发展、新创造、新变革。作为人类特有的一种存在方式,从根本上而言,文化创造是文化主体自身追求创新、卓越,达到内在心理平衡的一种行为方式。文化主体内在的超越本性,成为其进行文化创造活动的原始动因,而在一系列活动中,文化创造力不断得到激发和提升,推动了知识、信息、技术等各要素的流动与创新,强化了人与人、人与自然、人与社会之间的紧密关系。

文化创造力来自于文化主体对内在需求的不断满足。按照马斯诺的需求层次理论,自我实现的需求是个体价值的最高需求,而创造力的发挥推动着个体价值的实现,充满创造的人生是最充实的人生,富有创造力的个体是最有价值的个体。自我需求的满足是创造主体通过最便捷、最有效的方式激发自身潜能的过程。就创意城市的发展而言,文化主体在自由、宽松的文化环境下,在本土文化和外来文化相互作用的过程中,不断进行创新与变革,不断满足自身文化进步的需求,创造具有城市特色的文化成果,创造和谐、包容的创意城市。

文化主体的超越本性和内在需求促进了文化创造力的产生,促进了创造潜能的生成。文化主体并不是脱离历史进程而单独存在的,作为创造者、生产者、消费者,文化主体总是存在于一定的社会进程之中,承担着传承与发扬传统文化的历史使命与社会责任。某种特定的历史环境是文化创造和发展不可或缺的前提条件,"任何一个国家和民族文化的延续和发展,都是在既有文化传统基础上进行的文化传承、变革与创新"[1]。只有将社会文化的长远发展作为自身前进动力的文化主体,才能拥有前沿性、先进性、创造性的伟大理想与目标,明确文化创造的立足点与发展方向。在新的历史形势下,文化主体崇高的社会历史责任产生的文化创造力动机提升了城市创造力的发展层次与水平。[2]

(三)城市综合竞争力指标

日本学者日下公人认为,文化产业的目的就是创造一种文化符号,然后销售这种文化符号。可以说,创造力是文化产业的核心,文化产业的发展就是最大限度地发挥人的创造力。[3] 德国学者

---

[1] 郑克岭,赵士秋,冯志鹏.论文化创造力与大庆精神的时代价值[J].赤峰学院学报(科学教育版),2011(11):50-51.
[2] 邢巨娟.论文化创造力及其产生动机[J].沈阳农业大学学报(社会科学版),2013,15(1):111-113.
[3] 日下公人.新文化产业论[M].北京:东方出版社,1989.

霍克海默和阿多尔诺认为文化产业是凭借现代科技手段大规模复制、传播、消费文化产品的体系。芬兰学者芮佳莉娜·罗马也指出文化产业具有双重属性,即文化的产业化和产业的文化化。①

从经济学角度而言,文化产业创造力就是整个产业系统所表现出的市场力量。这个市场力量可以理解为从市场获利的能力和创新发展的能力。文化消费者在产生文化认同的基础之上,产生消费动机,并随着认可程度的提高,产生新的市场需求,进而提升区域或城市的文化产业市场竞争力。同时,作为文化产品市场发展的宏观环境,政府的政策与管理也对文化产业具有一定的支持作用。较之传统的生产与生活方式而言,文化创造力提升了整个城市的创新活力与文明程度。文化创造力的实现程度已经成为城市综合竞争力的关键指标,促进了创意经济的繁荣发展。

第二节 创意城市视角下文化园区的特征

在创意城市的研究视角下,文化园区已不再是单纯地理空间意义上产业发展的空间载体,而是文化创造力最大化发挥的聚合体系。文化园区集中体现出创新聚合化、社区联结化、社会正效应的发展特征,促进了区域协调发展,提升了城市创新活力。

---

① 罗绍明,张震.现代性语境中民俗旅游发展道路的探索[J].广西民族研究,2009(4):178-182.

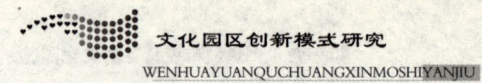

一、文化园区的概念

自改革开放以来,我国的城市化水平以年均 1.02 个百分点的速度增长。国家统计局数据显示,截至 2014 年,中国城镇常住人口 74916 万人,比上年末增加 1805 万人,乡村常住人口 61866 万人,减少 1095 万人,城市化水平已达到 54.77%。① 大量增加的城市人口催生了对城市土地、资源、就业、服务的巨大需求。创意城市理念的提出,正是为了解决城市发展过程中所面临的城市经济停滞、功能退化、公共设施老化、社会阶层分化、发展空间受限、各界精英外流等一系列经济结构问题而制定的有效改进方案,以此来缓解城市发展压力、促进城市更新。查尔斯·兰德利的创意城市理论强调,文化的主体性与核心价值应从地方寻根,对城区进行改造。② 周膺认为,创意城市是聚合创意经济能量的城市,它的形成和发展是以发展创新驱动型经济为契机。中国发展文化创意产业所面临的真正挑战,是如何建立一个高效的创意社会来疏导创意经济的能量洪流。③

文化园区作为发展文化创意产业的有效途径,在发展过程中逐渐呈现出平台化、虚拟化、媒体化、无边界化的特点,以创新业态促进文化产业结构转型和产业升级,如近年来方兴未艾的黑马营。黑马营是《创业家》杂志的衍生创业服务平台,旨在为创业者提供

---

① 国家统计局.2014 年中国城镇化率达到 54.77%.中国经济网,http://www.ce.cn/xwzx/gnsz/gdxw/201501/20/t20150120_4386891.shtml.
② 查尔斯·兰德利.创意城市——如何打造都市创意生活圈[M].杨幼兰,译.北京:清华大学出版社,2009.
③ 周膺.创意经济与创意城市[J].中共杭州市委党校学报,2008,1(6):26-32.

初创、孵化、对接全链条的创业服务。在发展模式、经营业态、提供的产品和服务等方面，黑马营都与传统的文化园区大相径庭。相比依靠空间集群发展的文化园区，黑马营打造的创业服务平台集聚了更多具有创新思维和创新能力的创意阶层及配套创业服务和咨询机构。黑马营创业服务平台的出现，引发人们思考文化园区的边界在哪儿，可否延展现有的产业边界。在过去很长的一段时期内，我国文化园区的建设主要借鉴了欧美发展模式，以政策为导向，通过对旧工业区、旧街区的更新改造，吸引艺术家、工作室、创意机构与文化企业等产生集聚，进行文化、艺术的创意、创造与经营活动，提升效率，实现资源有效共享。同时，在城市空间构建上，对旧工业区、废旧厂房建筑的保留与改造，能够保护城市的历史风貌，为城市塑造新的景观特色，促进城市居民的文化消费。邱文宏、林绵、纪慧如通过对大量案例的分析，发现文化园区以文化价值活动为核心，文化本身的价值以及其配合产出的商品和服务是文化园区得以可持续发展的根本原因。[①] 创意城市中文化园区建设既保持了城市景观形态的相对稳定性和历史记忆、地缘地脉的连续性，又加强了建筑空间的弹性化与公共空间多重组合的灵活度，旧城的地域区位和民俗文化优势，又能够拉动文化园区内创意办公、产品生产、技术创新、旅游休闲、文化消费等多样化的功能需求。旧城区较为复杂的社会结构和较为深厚的社区文化，相比于新型城市中心更加低廉的房屋租金价格，都逐渐转变为文化创意产业持续发展的"沃土"。文化园区赋予了城市传统空间以新的产

[①] 邱文宏,林绵,纪慧如.探讨文创园区的价值创造：二元观点[J].浙江社会科学,2016(1):110-116.

业功能,实现了产业结构调整与转型,有利于发展新兴产业、延续城市地缘文化、保留城市记忆、塑造城市性格、激发城市活力、解决部分"城市病",实现创意城市的可持续发展。

对于"文化园区"这一概念,目前,尚未形成统一的称谓。我们选择"文化园区"这一概念,指称范围大致包括文化创意产业集聚区、文化创意产业园区、文化产业园区、示范基地、创意区、创意社区等。我们将"文化园区"界定为:文化园区是基于一系列与文化关联或配套的产业规模集聚,发挥文化创造力创新的核心作用,利用社区化网络的关键节点,使具有鲜明特质的文化现象或活动对外界产生一定的吸引力,将城市协同发展与生态可持续发展、文化生产(与服务)与文化消费(与体验)结合起来,发挥文化创造力的外溢效应,产生社会正效应,在创意、创新资源集聚与外溢良性循环的过程中,打造促进城市区域多种功能协调发展的聚合体系。

二、文化园区的特征

(一)创新聚合化

文化园区是为创意城市带来创新与革新,产生新理念、开拓新领域、创造新价值的创意场所。它利用创意资源,发挥文化创造力的创新、创造功能,运用产业化的经营方式与手段,创造出更加符合人们需求的创新性文化产品和服务,并在此过程中逐渐形成一个集创意、生产、交易、消费于一体的产业链条,提升文化产业的发展水平。文化产品和服务的新特质,决定了文化园区必须高度集聚创新能力,吸引具有创造能力的文化主体,并以知识和创意作为产业核心,在生产与消费的产业链条中获得附加价值。成功的文化园区更易于接受新理念、新方法,具备高度的灵活性和可调节性。文化产业的生产者应最大限度地发挥创造性思维,进行具有自主知识产权的原创性研究和发明。作为文化产品和服务产业化的重要空间载体,文化园区内往往同时进行着文化生产和文化消费活动。文化活动可以说是文化园区进行文化消费的主要途径,也是体现和提升园区文化创新活力的关键要素。没有文化活动的园区并不具有发展的生命力。研讨会、沙龙、会展等文化活动的举办,可以实现多种创新、创意资源的集合,激发创意灵感。成功的文化园区可以促进充满活力的文化经济的开展,为人们提供相互交流、获取灵感、获得认同的机会。文化园区作为文化产品和服务产生、交易、消费和传播的场所,其根本任务是不断解放和发展文化创造力。这种高度聚合的文化创新能力与文化创造活动,可以强化集聚效应、激发创意灵感、提升创新效应,在推动创意阶层和文化企业打造、发展文化产业集群方面发挥着重要作用。

(二)社区联结化

社会网络理论认为,新古典经济学和新制度经济学只研究物质资本、人力资本,而忽略了互动、互信关系所形成的无形社会资源,即社会资本的经济作用。具体到社会网络这一概念,是指社会单位之间的政治、经济、管理以及文化、传统和人与人之间多种关系结合而形成的关系网络。[①] 在关系网络中,有"强关系"和"弱关系"之分。强关系是接触频繁和感情亲密的人或关系,促进了行动

---

① 王伟年.城市文化产业区位因素及地域组织研究[D/OL].黑龙江:东北师范大学,2007:56.

者之间知识和信息等智力资源的有效传播与流动,有利于形成企业之间长期互惠的关系、增强企业之间关系的稳定性。弱关系是不经常接触及感情不亲密的人和关系,各个行动者处于不同"派系"之中,有各自的社会关系。尽管弱关系带来的信息流动和互惠互利相对较少,但在创新扩散的信息流动网络中,弱关系更易于接近提供独特信息的不同网络,更易于获得新颖独特的信息,更有利于创新扩散。在城市区域中的社区,作为若干社会群体或社会组织聚集在某一个领域里所形成的相互关联的集体,是一定地理空间范围内居民聚居所组成的社会生活共同体。社区强调了一定的地理区域特征与一定数量的人群所拥有的共同意识和利益,有着较为密切的社会交往。文化园区不仅是促进当地经济发展的创意场所,也是赋予多样化社会关系以特殊联系的空间载体,其集聚的对象往往是具有交集或共同的价值观,且有着千丝万缕联系的社会组织。佛罗里达在"3T 理论"中指出,创意劳动力更倾向于移动到具有人才、技术、宽容度的创意城市和创意区域,社区地点的社会特性直接影响着创意企业发展、投资和创意人才汇聚的空间选择。[①] 我们看到,在文化园区形成发展的过程中,建筑空间、基础设施等硬环境为文化园区的建设提供了物质环境。社会网络等软环境可以促使文化园区有效运转和提升文化创造力。如果缺少社会网络等软环境,文化园区则难以促进人与人之间的交流沟通,难以形成新型社区关系与生活方式,难以形成共同的价值理念和认同感。因此,从这个角度看,文化园区不仅仅是进行文化生产和文化消费的场所或集聚文化企业、创意人才的空间,更是促进人与人沟通交流,联

---

① 理查德·佛罗里达.创意阶层的崛起[M].司徒爱勤,译.北京:中信出版社,2010.

结新型社会关系,激发创意、创新活力的社会网络节点。因此,文化园区具有社区联结化的新特征。

(三)社会正效应

集聚效应一经形成,文化园区就会产生获得性优势,形成自我积累的正向反馈机制。例如,精神文化内涵、城市价值理念可以起到良好的凝聚与教化作用。文化园区中的多元文化相互融合,体现了较高的文化认同感,形成了大众与文化产业从业者进行交流的语境。文化园区内的文化企业及创意阶层逐渐形成相互学习、彼此信任、互帮互助的集群效应。相比文化园区外分散无序的个体或企业,他们更易于获得所需的政策、资源、技术、资金,创造优质的文化产品与服务,从而发展区域经济、改善城市环境、提高人民生活水平。在发展过程中,文化园区不断加强生态建设,优化产业布局,实现商务空间与生活空间的连接等,从而提高文化园区的空间价值。从可持续发展的角度来看,文化园区是创造力孕育、培养、成长和壮大的创意场所,是创意城市中发挥文化创造力的主要空间载体。

第三节 创意城市视角下文化创造力的作用

文化创造力是文化园区创新能力的高度体现,在促使城市特质形成、释放创意阶层活力、促进文化创意产业发展、推动文化创意环境营造、促进科学技术创新、丰富文化多元性与多样化六个方面发挥了积极的作用。

一、促使城市特质形成

城市特质,即城市发展特色,是一个城市区别于其他城市的显著特征。独特的自然风貌、文物古迹、历史建筑和民俗活动等具有差异化的城市特质,是一个城市区别于其他城市的独一无二的文化标签,也是一个城市发展文化创意产业的宝贵资源。随着城市化进程的推进,城市建设步伐加快,城市经济高速发展,城市消费持续增加,市民生活品质提升,城市发展问题也随之产生。城市规划建设的趋同理念导致千篇一律的市政设施、争相攀比的 CBD 中央商务区、高耸入云的 5A 级写字楼、单一雷同的景观大道比比皆是。随着房地产业、建筑业的高速发展,开发商连锁拓展到全国各地,使得一二线城市的房产楼宇出现简单复制。各地纷纷出现名称相同、形状相似的新建楼盘,导致城市与城市之间的差异越来越小,使城市失去独特性,使市民失去归属感、认同感。随着地缘地脉的改变、传统建筑与古老街道的改造、工作场所及过往生活痕迹的消失,城市呈现同质化、平庸化。

城市特质的形成不能单纯依赖历史和文化的累积,文化创造力的产生和释放也能够加速城市特质的形成。胡锦涛同志在党的"十七大"报告中指出,文化逐渐成为民族凝聚力和创造力的重要源泉,通过文化建设,能够激发全民族的创造活力,进而提高国家文化软实力,增强国家综合国力。文化创造作为人类的根本技能,它推动着人类自身与人类社会的进步与发展,文化创造的基础和前提是文化创造力,其集中体现了人的综合知识、能力和素质。①发展创意驱动型经济、建设创意城市、激发城市的创新活力,正是挖掘个体的创造潜能、激发文化创造力的过程。

文化园区的发展,为城市的规划发展提供了新的思路。以旧厂房、旧建筑、文化古街、城市废弃地为基础的城市空间改造,既为文化产业的可持续发展提供了空间,促进了产业链的形成与发展,又是对城市历史文化遗产的一种保护,为历史注入了新景象、新元素,连接了城市的历史与未来。文化园区在继承城市文化特质的基础之上,通过发挥文化创造力实现的这种文化创新与创造,在营造现代、时尚、充满创意的生活氛围的同时,可以有效地提升城市乃至社会的精神面貌,促进城市新的文化特质的形成与文化品位的提升。

二、释放创意阶层活力

人是发挥文化创造力的行为主体,是城市实现创意发展的内生力。查尔斯·兰德利曾指出:"人的智慧、创意、想象力正在取代地点、天然资源与市场通路,成为都市的资源。"②创意和知识是创意城市实现经济增长的主要手段,而人是创意与知识最重要的生产者与传播者。理查德·佛罗里达在《创意阶层的崛起》一书中首次提出"创意阶层"一词,认为创意阶层在价值观和能力、生活方式、休闲方式、喜好的工作类型、易于形成社区集聚等方面存在共

---

① 杜刚,邢巨娟.文化创造力:当今中国文化变革与发展的重要依据[J].河北经贸大学学报(综合版),2012(1):103-105.
② 查尔斯·兰德利.创意城市:如何打造都市创意生活圈[M].杨幼兰,译.北京:清华大学出版社,2009:38.

同特征。其"3T"理论要素之一的"创意阶层",是拥有丰富文化创造力的群体,是鼓励创新、促进经济增长、增强社区创新活力等的必要因素。所有产生新观念、新技术和创意内容的人都属于创意阶层。[①] 创意阶层又可分为两种类型,一种是"创意核心"的群体,包括科学家、工程师、大学教授、诗人、小说家、艺术家、演员、设计师、建筑师以及现代社会的思想先锋,这类人群分布于各行各业,构成创意阶层的主力人群。另一种类型则是所谓的"创新专家",分布于高科技、金融服务、法律、卫生保健、工商管理等知识密集型行业,他们构成创意阶层的尖端人群。[②] 魏鹏举指出:"创意阶层是继劳工阶层和服务阶层之后推动美国经济发展的主要动力,按佛罗里达的估算,创意阶层已经占美国全部就业人口的30%。"[③]尽管这些人从事的行业有所不同,但却具有共同的特征,如极具创意和创造力,年龄结构呈现年轻化,受教育水平普遍较高,发明并使用新技术,多从事创造性工作或能够发现工作中解决问题的新方法,具有共同的价值观和某种创新能力;尊重个性,崇尚竞争与实力,喜欢开放与多样的城市社会环境,具有修订规则、发现表面离散事件间内在联系的能力,注重自我价值的实现和自我认同等。对于创意阶层来讲,他们往往对城市生活的便利条件需求较高,城市规划、基础设施、交通通信、公共服务等方面的便捷条件对其具有较大的吸引力;他们根据自己的价值取向和生活方式对城市和社区进行主动选择,并能够一定程度上左右该区域的未来发展方向;他

---

① 张京成.中国创意产业发展报告(2006)[M].中国经济出版社,2006:57-72.
② 北京大学北京论坛学术委员会.文明的和谐与共同繁荣:新格局·新挑战·新思维·新机遇[M].北京:北京大学出版社,2013.
③ 魏鹏举.基于"创意阶层"的小微文化创意行业发展与融资机制探讨[J].北京联合大学学报(人文社会科学版),2015,13(2):38-43.

们并不局限于薪资报酬来选择工作,更加关注工作的价值与意义,追求工作的灵活性与内心的安定感。[①]

　　创意阶层在城市集聚,充分利用智力资源优势,发挥文化创造力,完善城市的创新体系,创造新的创意成果,使城市发展形成新的路径与方式。创意阶层不是某个特殊阶层,文化创造力也不是某个阶层的专属能力。它是人类与生俱来的天性,是人类发展和适应当下环境的产物。人人都有将创意付诸行动,并将其转化为价值的潜能。如何充分挖掘每个人的创造力,并将这种创造力和创造活动转化为价值,是提升城市创造力的根本。创意阶层的形成并不是单个个体的行为,需要个体之间的良性互动。当个体与个体相互吸引、找到共性形成地理空间的集聚,创意阶层就能更好地发挥文化创造力。文化园区作为创意城市中更具宽容性、多样性和共性交集的空间载体,其中的创意氛围有利于吸引具有共同价值观及生活方式的创意群体。这些创意群体不断地集聚、释放创新活力,解决城市经济转型、城市创新及可持续发展等问题,实现创意城市的终极诉求。

三、促进文化创意产业发展

　　产业是城市的发展命脉,是发展创意经济的根本动力。日本学者佐佐木雅幸指出,创意城市不仅拥有大量而丰富的创意场所,还要具备发挥创意的市民活动和富有创造性的产业。文化创意产业是提供城市创意资源的重要产业之一,能够提升产业、经济、人文、区域发展以及城市创造力,推进自身及相关产业领域的创新,

---

① 易华.创意阶层理论研究述评[J].外国经济与管理.2010,32(3):61-64.

成为城市产业结构调整与升级的支撑。文化创意产业的知识经济与创意经济的特性,加上第三产业——现代服务业的属性,环境污染小、资源消耗少,有利于解决城市污染、资源紧张、生态破坏等城市发展问题。同时,文化创意产业也为人们提供了新的就业机会,创造出丰富的文化消费产品,提升人们的幸福感,满足人们多样化、多层次的精神文化需求。文化创意产业的核心要素是创意,而创意的产生、深化和实现都源自文化创造力的驱动。文化创意产业的创意产出作为其他产业的附加价值乃至主要要素投入,促使多产业跨界融合发展。

另外,在文化创意产业发展过程中,需要为创意阶层提供兼具趣味性与独特性的工作空间。艺术家、文化群体使用老旧厂房作为工作室的发展经验,使得大量后续的文化园区建设采取了利用工业遗存资源,将旧厂房、仓库、住宅等闲置空间改造为文化园区的模式,有效地避免了城市中心城区的产业空洞化。这在节约旧城改造成本、保留城市历史和特色的同时,也进一步更新了城市功能,优化了城市资源。伴随制造业的不断转移和服务业的异军突起,文化生产和创意活动已越来越成为城市发展的新机遇。文化、艺术、音乐、动漫、旅游等文化消费活动,与生产、提供这些文化消费产品与服务的产业与行业的发展,共同为城市的创新发展提供了不竭的动力。从文化产业的发展结构来看,文化园区具备完善文化创意产业链的充足条件,是创意城市中文化产业发展的关键节点。文化园区文化创造力的集聚和外溢可以优化创意产业链,实现创意资源的优化互补、文化创意产业及相关产业的融合发展,打通产业链的上下游产业,实现产业链的延伸与拓展,优化产业结构,提升文化创意产业的发展水平,打造更有利于创意城市发展的文化产业新业态。

四、推动文化创意环境营造

环境包括经济、社会、文化等因素,适宜的环境有助于文化创造力的形成、发挥。打造多元化的创意空间,营造富有包容性的创意环境,彰显城市个性与精神,已成为提升城市吸引力与竞争力的重要途径。西方学者对创意环境进行了多层次的阐释。查尔斯·兰德利认为,创意环境是城市网络能力的核心所在,城市的网络能力要求具备高度信任的、负有责任的、强大的、讲究原则的、灵活的组织运作(有时不一定是契约形式的)。[①] 司各特认为,创意城市通常是围绕生产系统而组织,其特征是转变中的企业间网络和各种弹性劳动力市场。当相关企业在地理空间上集聚时,劳动力市场围绕此地扩大并发展。在以项目为导向的劳动力集聚的过程中,各种联系和相互交流的过程是产业综合体中新思想、新灵感和新洞察力产生的关键要素。司各特将产业综合体内促进这种学习和创新效应的结构称为"创意场",即"创意氛围"。他指出,浓厚的创意氛围可以帮助城市建立一种开展创意活动的灵活的、有形或无形的组织,吸引更多的创意企业和创意人才,生产出更多的创意成果。综合看来,创意环境是创意城市发展的关键要素之一,开放、包容、自由、公平的创意环境更有利于吸引创意人才的集聚,带动文化创意产业及相关产业的蓬勃发展,促进创意产业经济的增长。人才是环境中的行为主体和根本动力,产业是环境内带动经济发展的核心要素,空间是支撑环境要素的重要地理载体,三者之间存

[①] 查尔斯·兰德利.创意城市如何打造都市创意生活圈[M].杨幼兰,译.北京:清华大学出版社,2009.

在着相互制约、相互影响、相互协调发展的内在关系。①

文化园区文化创造力的释放加速了园区、区域、城市之间的协同发展,有利于创意环境的营造。结合创意人才、产业、空间要素,我们可以将创意环境大致分为四种类型:载体环境,即基于地理因素的创意实体空间的营造,这是文化创造力集聚和发挥的有形物理环境;绿色环境,即为创意人才打造的宜居的生活环境,这是文化创造力较好发挥的有益土壤;技术环境,即有利于提升文化产业水平的生产环境,是文化创造力得以集聚和外溢的重要产业场域;制度环境,即通过制定公共政策营造的社会管理环境,这一环境的包容性、规范性、公平性、开放性直接关系到文化创造力提升的层次和水平。文化园区发挥文化创造力,可以实现文化产品与服务的创新,开展多样化、特色化的文化创意活动,促进创意阶层的交流沟通,建设、完善展览馆、音乐厅、博物馆、会展中心等公共文化设施和空间,提供创意人才与文化企业交流合作的公共平台。文化园区的配套建设,可以为创意人才提供更好的创意氛围,有效集聚创意资源,推动文化产业发展。文化园区集聚了来自高等院校、科研院所等文化机构的创意力量,通过研讨会、交流会等形式搭建了公共交流的平台,从而实现技术资源共享、科技进步,促进文化产业的发展与进步。文化产业、文化园区方面的政策法规,是文化创造力产生的根本保障。形成政府、企业、公共机构、创意社群、非营利性组织等多方参与、合作的机制,不仅有利于文化创造力的产生,也有利于创意环境的营造。

---

① 斯科特.创意城市:概念问题和政策审视[J].汤茂林,译.现代城市研究,2007,22(2):66-77.

五、促进科学技术创新

美国经济学家约瑟夫·熊彼特(Joseph Alois Schumpeter)认为,实现经济动态发展的基本动力是技术创新,在经济增长的过程中技术创新的作用日益凸显。产业结构的优化调整、产品和服务质量的提高、生产效率和效益的最大化、增长方式由外延式增长向内涵式增长的转变,归根结底都源于科学技术的创新与应用。第一次工业革命中飞梭的发明与纺织机的出现,期间相隔不过32年。但正是在这32年中,人们在实践中不断地挖掘自身潜力,才出现了后来规模更大的科学技术创新。科学技术的每次突破与创新,都是建立在否定"旧质"的基础之上,都是人类创造力的成果。科学技术的迅猛发展为文化创意产业的发展提供了更好的技术条件,促进文化创意产业的技术环境不断完善、优化和升级。如全息影像技术、移动终端、可穿戴设备、3D打印、数字出版、"互联网+"等,都极大地推动了文化创意产业的发展。

科技创新是推动文化创意产业发展的重要动力,中小企业是创新的主体。对于企业而言,技术创新是指企业应用新技术、新工艺,采用新的生产方式和经营管理模式,开发生产新的产品、提供新的服务,提高产品、服务质量,从而占据市场份额并实现市场价值。[1] 技术创新的过程中,最为重要的知识流动是通过企业之间的合作以及非正式的相互影响来实现的,可以说,企业是科学技术创新最为重要的研究主体和开发主体之一。技术合作本身就是一种

---

[1] 陈晓红,李喜华,曹裕.技术创新对中小企业成长的影响——基于我国中小企业板上市公司的实证分析[J].创新管理,2009,30(4):91-98.

知识流动以及外溢的过程,企业之间通过技术和知识的交流学习,使一个企业的知识扩散到另外一个企业,加速科学技术创新的步伐。科学技术的创新对企业降低生产成本、提升劳动效率、提高产品市场占有率以及获得消费者认可,都具有重要意义。文化园区的集群效应,使文化企业得以集中,有利于技术扩散与知识扩散,有利于技术创新能力的提升。技术创新成果的扩散主要集中于地域和产业两个层次。技术扩散的最终结果是通过对新技术的应用,为使用者带来预期效益。技术创新的转移是一种有目的的主观性经济行为,一般来讲技术扩散既包括有意识的技术转移,也包括无意识的技术传播。[①] 可以说,技术转移是技术扩散、知识扩散的一种形式。在城市区域发展中,技术创新是在特定社会历史发展情境下,各类资本优化配合、良性互动的结果,涉及文化园区、高等院校、科研院所、教育部门、金融机构以及政府机构等行为主体。文化园区作为城市中集聚一定数量的文化企业的空间载体,对于所在区域乃至城市的知识与技术的扩散、技术的创新,都会起到一定的促进作用。

六、丰富文化多元化与多样性

一个城市文化特质的形成与演化,既与生产力发展水平相关,也受文化传统、人文风俗、生活方式、审美标准与文化心理等因素的影响。随着城市人口流动加速和全球一体化进程加快,不同的文化产生碰撞,从而产生新的文化形态。对于创意城市而言,保护文化多元化与文化多样性能够促进人们对区域特性、地方特性、民

---

① 邵云飞,谭劲松.区域技术创新能力形成机理探析[J].管理科学学报,2006,9(4):1-11.

族文化的追求,对历史城市及城市中的历史地段的保护,对地区建筑特色的追求等,有助于城市居民产生归属感和自豪感。① 多元文化的聚合,使得不同群体可以开展更为丰富多样的交流,在交流中获得文化创新的灵感,生产更具创新性的产品和服务。全球创意城市如巴黎、柏林、蒙特利尔、伦敦、爱丁堡等城市,都建有众多的博物馆、图书馆、剧院、艺术馆等公共文化设施,举办音乐节、影视节、展览会等多元化、多样性的文化活动,以提升城市创新活力。市民应积极参与文化生产与文化消费,发挥文化的创造力,促进文化多元化、多样性。

一个缺乏创新活力的城市难以吸引创意阶层向其流动,会导致城市文化形态与内涵单一、文化创造活动停滞不前。鼓励城市居民发挥文化创造力,开展文化创意活动,则会吸引更多的创意人才来到创意城市工作和生活。作为集聚创意阶层、文化企业的空间载体,较之城市其他空间,文化园区内人与人、企业与企业之间直接或间接的文化交流更为频繁,更利于文化创新和创意城市文化生态的构建和发展。

---

① 吴良镛.广义建筑学[M].北京:清华大学出版社,2011:53.

第二章 文化园区的本质是文化创造力的集聚与外溢

文化园区既是文化生产的场所,又是文化消费的场所。文化园区内,不同行业之间的交流、完整的上下游产业链条、多样化的文化,促进了文化创造力的产生。文化创造力的集聚与外溢体现出强烈的人本和文化特征,也符合创意城市中文化园区的发展要求。

第一节 文化园区是文化创造力集聚的载体

人才、知识、信息、科技、文化等创意资源在文化园区的高度集聚,能够促进新思想、新理念、新方法的产生与传播,提升文化创造力的集聚效应。

一、地理空间的就近集聚

阿尔弗雷德·马歇尔观察到同一产业中的不同企业在区位选

择上总是趋于邻近,这种集聚现象的发生从根本上来自对竞争优势的渴望和对利润的追逐。地理空间上的接近使生产企业能够获得外部经济的好处,如生产与流通成本降低、劳动力市场密集化、制造流程与工艺专业化、知识外溢提高生产率等。我国江浙一带的小商品制造业、制衣业等是就近集聚的发展范例,已形成完整的上下游产业链、集约的劳动力市场、成熟的专业化工艺。

除了传统制造业,文化创意产业也同样存在着集聚现象。文化园区作为文化企业及创意阶层发展文化创意产业的空间载体,能够吸引更多的文化企业及创意阶层入驻文化园区、参观游览、进行文化消费与文化体验,从而产生集聚效应。北京798艺术区、横店影视基地、深圳大芬村油画基地,都是通过地理空间的就近集聚而发展起来的现实案例。在空间形式上,文化园区与传统的产业区有一定的相似之处,即把文化创意企业及相关企业集聚在一个特定区域。"园区内的企业构成了共同的产业运行链条。……在产业内,企业之间互动;产业外,企业可以结盟,共同对客户提供产品和服务。同时,产业集群因享有地理上的优势而有可能获得更便捷的发展。"[1]在发展模式上,文化园区符合产业集群特性和功能,"产业集群的共生性、协同性、竞争性、开放性、互补性等特性不仅会激发出强劲的创新需求,而且可以为创新活动提供良好的支撑条件"[2]。尽管文化园区初期发展模式与传统工业区集聚式的发展模式有相同之处,但究其本质,文化园区在集聚文化创意企业及相关企业的同时,把创意人才、创意思维等文化创造力要素集聚到

---

[1] 金元浦.产业园区和孵化器:创意产业发展新模式[J].中国文化报,2005-05-13.
[2] 战炤磊.产业集群对区域经济发展的双向效应——基本方式与作用机理[J].技术经济与管理研究,2011(1):99-103.

一起。李万峰指出,文化园区为文化创造活动提供了平台,能够把个体和群体的优势发挥到最大化,促进创新思想的传播,有效控制创新活动成本,提高创新活动效率。文化园区的集聚效应不仅可以使文化园区内的文化企业获得外部规模经济所带来的好处,而且可以促进创意阶层的文化创造活动。不同于传统型工业区单一制造产品或提供服务,文化园区还为文化消费群体提供参观游览、娱乐休闲、消费体验等多种服务。文化园区需要不断完善基础设施、改善园区环境、搭建公共服务平台,以满足公众的消费需求。公众可以参与文化园区的建设,促进文化创造力的集聚。

二、产消一体的产业特征

良性发展的文化园区往往兼具生产与消费两大功能。文化产品和服务为文化消费提供了消费对象,而文化消费反过来推动文化产品和服务的完善与升级,促进文化园区加大在基础设施、园区环境等方面的建设力度。

文化消费不同于一般的物质消费,是对文化产品和服务的消费,包括实际的购买行为和体验行为。文化消费满足的是人们的精神文化需求,因此,文化消费对消费对象的知识性、审美性、体验感具有极高的要求。消费者在体验过程中能够感受到有形产品和服务的价值,其产生的情感价值使消费者沉浸在消费情境中。① 文化园区集中了大量文化企业及创意阶层,在文化产品和服务的研发、生产、展示、交易、消费等环节不断创新,从而引发新一轮的文

---

① 邱文宏,林绵,纪慧如. 探讨文创园区的价值创造:二元观点[J]. 浙江社会科学,2016(1):110–116.

化消费。可以说,文化创造力的集聚是文化园区文化消费行为产生的前提条件。

文化园区并不是创意城市中唯一发生文化消费与文化体验行为的空间场所,也不是唯一生产文化产品与服务的创意场所。但文化园区可以更为直接地促使文化产品与服务的生产者和消费者产生集聚、碰撞,文化生产者往往同时也扮演着文化消费者的角色。这里既是进行文化消费行为的最佳场所,也是最大限度地提升与改善文化生产行为的空间。文化园区内的公共服务平台与配套服务场所,如画廊、展览馆、剧场、商店、咖啡馆等场所,为消费者创造了一个满足求知欲和审美需求的场所。它可以将文化创造活动和文化创造成果更为便捷、直接地呈现给消费者,使消费者更好地感受文化创造过程、体验文化艺术成果、参与文化展示活动、提高文化品位与修养。

文化园区中文化消费行为的发生,根本上源自于文化创造力在文化园区内的高度集聚,反之,文化消费行为是检验文化创造活动优劣的重要标准之一,是判断文化园区文化创造力高低的重要标准之一,能够推动文化产品和服务的不断提升和完善。产生大量文化消费行为的区域往往是那些文化创造力集中的区域,这些区域的文化创造氛围浓厚、文化创造活动颇为活跃。以伦敦西区这一世界著名的戏剧中心1997年至2007年十年间的发展变化为例,1997年的剧院票房收入仅2.46亿英镑,发展至2007年,剧院观众数量达到1363万人次,票房收入达到4.7亿英镑。这与伦敦西区在十年间吸引、集聚了大量创意阶层在此生活和工作有着密切的关系,他们的文化创造活动促进了文化消费的增长。在带动英国戏剧文化相关产业发展、推动伦敦经济发展、重塑伦敦文化形象等方面,伦敦西区都发挥了强大的助推力。高质量的文化产品与服务能够集聚创意阶层,吸引民众进行文化体验和消费,形成消费与生产相互促进的文化产业循环生态。文化园区文化生产与文化消费一体的产业特征,是文化园区文化创造力集聚的本质表现。

三、产业资源的高效整合

文化园区不仅集聚了大量的文化企业与创意阶层,还联结了城市中的众多智力资源,如文化园区周边的社区、高等院校、科研机构、行业协会等。在城市发展中,文化园区并非独立的个体,在其形成和发展过程中,它必然与城市的其他文化力量建立联系。如果把城市看作一个有机体和生态系统,文化园区就像有机体中至关重要的那些"关节",联结着城市中的文化资源,并能够持续发生吸引和集聚的作用。

迈克尔·波特(Michael E. Porter)在《国家竞争优势》一书中,将生产要素归纳为初级生产要素和高级生产要素。初级生产要素包括传统意义上的天然资源、气候、非技术人工和半技术人工、资本等;高级生产要素涵盖基础设施、高层次人力和高等院校、研究机构等。一个文化企业如果想获得产业竞争优势,不仅需要具备初级生产要素,更需要获得高级生产要素。德国的鲁尔工业区在转型发展的过程中,高效整合产业资源,尤其是高级生产要素资源,通过建立"技术之路"等措施而获得高层次人力资源和智慧资源,发展成为宜居的可持续发展区域。产业资源的高效整合又为鲁尔工业区带来了新一轮资源的集聚与整合,促进了文化创造力的集聚。常卫在讨论中国文化企业的创新能力时指出,在价格竞争优势逐渐减弱的今天,产品差异化成为主导企业在市场竞争中获得成功的决定性因素,而企业的差异化战略是建立在企业的创新能力基础上的。① 以创新创意为核心的文化企业更是如此。文化企业的创新能力的大小决定了其核心竞争力的强弱,文化企业和创意阶层在文化园区内更易于高效整合产业发展所需的、发挥决定性作用的高级生产要素,这为创新创造活动的开展提供了优质而便利的条件。

文化园区不仅简单实现着产业集群效应,更承担着孵化功能。近年来,大量出现的"众创空间"就是社群共享经济时代的创意场所。据投中研究院发布的《2015年众创空间十大关键词》,截至2015年底,全国已有超过1.6万家众创空间,分布地从北京、上海、广州等一线城市,向嘉兴、扬州等二三线城市蔓延。各类众创空间在空间运用、运行管理、盈利模式等方面各有特点,有专注于为小微电商企业提供创业服务的"微谷众创社区",有活动聚合型的"创客空间""柴火空间",也有利用大数据分析增加客户黏度的"优客工场",还有传统地产商主持兴建的"SOHO 3Q""YOU+国际青年社区"等。众创空间或联合办公模式,以依托于文化园区或独立存在的形式发展,以城市中创业者或青年群体为主要服务对象,将分散在城市中零散、微小的智力资源和创意力量,整合到某一特定的空间场所,通过提供良好的公共资源服务,为创业者们实现资源的高效整合与优化。众创空间往往选址在城市核心区域,交通便捷,现代化办公设施完备,并设有公共区域,提供金融、法律、招聘、培训、会议、商务等产业增值服务,从而为创业者提供高度优化的资

---

① 常卫.试论中国文化企业创新能力的提高[J].中国特色社会主义研究,2007(2):73-78.

源,降低办公及生活成本,提供创业灵感与社群共同价值。文化园区不仅联结文化创造力的行为主体——文化企业及创意阶层,更促进了文化创造力的集聚,实现了产业资源的高效整合。

四、集群组织的学习效应

关于产业集群组织之间是否存在学习效应,学者们观点并不一致。一种观点是产业集群组织之间会产生知识的共享和传播,企业受益于集群式发展,往往以低成本获取知识、技术和信息,通过技术创新提高生产效率、控制创新风险、提高创新速率。一种观点认为,集群组织间的学习并不是企业获取并转化外部知识的最有效途径,集群中相互学习和促进创新的效应可能产生,也可能不产生。[1] 组织间是否产生学习效应取决于企业间是否存在合作的意愿,企业主是否保持开放、信任、分享的态度,知识产权保护体系是否合理健全等因素。另外,组织间学习效应的强弱也因企业而异,取决于企业自身的自我学习能力、集群内部的竞争力。

从对制造业集群组织进行观察分析得出的结论,对文化产业集群组织的空间载体——文化园区有一定的适用性,但并不完全符合文化园区的发展特征。金元浦指出,文化园区建设的良好基础之一就是对文化标准和文化价值的推崇。这一基础鼓励了文化园区内的文化创造活动和文化创造成果的分享。文化园区内开放、共享的创意环境使显性知识和缄默知识得以传播和扩散,文化创造活动从单个企业内部发展到了多个企业之间,企业与企业之间的组织学习和网络互动,能够促使创意灵感的迸发,有利于技术

---

[1] 王缉慈.超越集群:中国产业集群的理论探索[M].北京:科学出版社,2010:6.

和产品的创新。① 依托于智力资源形成的文化园区将创意阶层集中在特定的地理空间上,建立产业间的联系,通过信息技术等手段,实现人与人之间的知识、信息、情感的交流和沟通。创意阶层不同于传统产业循规蹈矩的制造者,他们往往具备先进的文化理念和极强的学习能力。知识和信息在文化园区内活跃地流动,促使文化企业与创意阶层产生组织间的学习效应。

知识经济时代的到来标志着知识这一无形资产正在代替能源、资本等有形资产,成为经济发展的主导力量。现代企业的可持续发展离不开知识产权的保护。对于以创意为核心的文化企业来说,知识产权是其能够在市场中获得高收益率的核心因素,也是其品牌形成的必要条件。因此在知识、信息、资源活跃流动、共享的文化园区,对于知识产权的重视和保护尤为重要。如果对知识产权保护不力,不仅会阻碍科学技术的革新与文化创造活动的开展,而且会抑制文化创意氛围的形成与文化创造力的实现。文化园区通过搭建公共文化服务平台,为入驻的企业提供知识产权方面的服务,提高文化企业及创意阶层的知识产权保护意识,从而激发、提升文化创造力。

五、品牌与社群的有效形成

文化园区内聚集的文化创意人才和企业通过使用园区内丰富的文化资源,在实践中发挥文化创造力,将"人本"观念贯穿于文化创意产品的研发、生产、流通、消费等各个环节。其创意成果在进入市场后,可以获得经济效益、塑造产品和企业品牌。周赵强指

---

① 马仁锋.创意产业区演化与大都市空间重构机理研究[D/OL].上海:华东师范大学,2011.

出,人是品牌形成过程中的主导力量。人的能力和观念决定了品牌是否能够形成,形成后的发展方向,其发展潜力和市场周期等。①文化园区作为集聚文化企业的空间,较之其他空间更易于形成品牌建设的良好载体。文化园区在发展定位上,随着引驻企业的选择而获得整体形象。在发挥集聚效应的同时,园区形象也逐渐清晰。传统的产业集群品牌是产业集群发展到一定阶段的产物,产业集群吸引大量优质企业进入,也包括优质的产业链配套资源与服务。"集群内不断汇集各种生产要素资源,使得产业分工更加明确,集群规模的增大增加了集群的竞争力,促进了产业集群品牌的形成。集群的规模扩大提升了产业集群的竞争力,并通过集群的外部整体性提高了产业集群品牌的知名度。"②郭忠强指出,产业集群的根植性和弹性共同作用,构成了产业集群品牌形成的内部动力。③虽然文化园区具有一般产业集群的特征与功能,这些特征功能在一定程度上能够促进产业集群品牌的形成,但究其根本,文化创造力的本质特征才是促进文化园区品牌形成的最重要的动因。文化园区在构建创新产业链、提升文化创造力的同时,还应形成社区网络、实现社会正效益。文化园区向周边创意阶层开放的同时,也向园区外的公众开放。文化园区的景观性、美育性、体验性将公众吸引到文化园区内参与文化创造活动,从多方面激发公众的文化创造力,培育出更广泛的创意阶层。文化园区在公众心目中形成完整、统一的形象,提升了公众对文化园区品牌的记忆度和忠诚度。

"社群(Community)"一词源于拉丁语"Communis",原指"共同

---

① 周赵强.区域品牌的形成机制与培育研究[D/OL].兰州:兰州大学,2007.
② 王光远.产业集群品牌建设策略研究[D/OL].济南:山东大学,2009.
③ 郭忠强.基于产业集群的区域品牌发展战略研究[D/OL].长春:吉林大学,2012:51-54.

的事物",在19世纪末20世纪初被社会学家们用来描述多种形式的社会组织。心理学家McMillan和Chavis认为社群中的成员对社群有着归属的情感,对社群中的其他成员有联结的情感,同时在分享、满足等行为中产生信赖感,并将上述的情感联系定义为"社群意识"。一般来说,社群的基本要素包括明确的成员关系、持续的相互交往、一致的群体意识和规范、一致的目标和行动的能力。[①]许纪霖指出,社群与公司、学校等社会组织不同的是,它是情感性的团体,不承担任何具体的功能。社群成员对社群具有情感和价值观上的认同感,是社群形成并得以维系的重要因素,社群的功能之一就是为个人提供价值感和归属感。美国学者霍华德·瑞恩高德(Howard Rheingold)首次提出"虚拟社群(Virtual Community)"这一概念。他指出,"当数量足够的人们抱持充足的情感,在一段时间内持续进行公共讨论,就能够形成基于网络空间的人际关系。"网络的出现和社会化媒体的普及使社群突破了地域的限制,更突显出凝聚社群的核心力量,即文化和价值观的认同。研究者们根据虚拟社群参与动机,将虚拟社群分为兴趣型、人际关系型、幻想型、交易型、资讯交换型、社会互助型等多种类型。尽管研究者们对于虚拟社群参与者的参与动机看法不一,但大多研究者同意,除了依赖的媒介环境与交流形式之外,虚拟社群与传统社群在本质上并无区别,其本质都是由共同价值观和情感维系的社会团体,无论是存在于现实生活还是虚拟世界。[②] 20世纪90年代兴起的"社

---

① 吕燕平.社群与族群[C]//中华民族认同与认同中华民族——人类学高级论坛2008卷.黑龙江:黑龙江人民出版社,2009.
② 黄彪文,殷美香.在个体与集体间流动:论虚拟社群的参与动机与交往基础[J].国际新闻界,2014(9):6–19.

群主义"主张"社群是构成个人的基本要素"。以学者麦金太尔为代表的"社群的强理论"认为:个体的身份需要通过其在各种社群中的成员资格来确认,每个个体都在相互连接的社会关系中继承了某个独特的位置;没有这种位置,他就什么也不是,或者至多是一个陌生人或被放逐者。社群满足了个体寻找自我、确认自我身份的社会需求。①

多元而开放的文化园区是文化创新行为和文化创意活动高频发生的场所,时时激发创意阶层的文化创造潜力。文化园区内的文化企业和创意阶层之所以进驻同一文化园区,部分原因是因为共同的价值观或对某种喜好和需求的认同感。文化园区也会制定一定的标准,选择符合既定标准的企业、工作室及个体创意者进驻,形成一定的淘汰机制,以保持文化园区的活力。良性发展的文化园区往往能够使进入文化园区的外来者快速地找到与其相契合的某一方面,促使文化园区内社群的有效形成和快速壮大。文化园区集聚的创意人才和文化企业在规模、类型等方面往往具有一定的关联度,或者具有某种一致的目标和诉求,这是线下实现"弱关系"、形成社群的基础。

六、价值认同的有效形成

城市经济学家威尔布尔·汤普森(Wilbur Thompson)指出,创意人才的聚集会营造一种特殊的氛围,从而吸引更多相似的人。汤普森所说的"特殊的氛围"不仅指创意碰撞带来的愉悦感和畅快感,更为重要的是,在频繁的交流互动中创意阶层所获得的认同

---

① 麦金太尔.追寻美德:伦理理论研究[M].宋继杰,译.北京:译林出版社,2003:74.

感,这种认同感正是来源于对其价值观、认知和情感的肯定与赞同。精神层面产生的共鸣能够快速地拉近创意阶层彼此之间的距离,从而形成具有共同价值观的社群。

入驻文化园区的文化企业及创意阶层,具有产生价值认同的最大可能。他们在一定的时间内,基于某种相同的理由,选择特定的空间作为生产活动或商务办公的地点。如果他们对老工厂、老物件有一份情怀,可以选择北京莱锦创意产业园、竞园(北京)图片产业基地、上海8号桥等依托工业遗存资源建设的文化园区;如果希望拥有丰富的行业资源和创业平台,可以选择北京的科技寺、中关村创业大街"车库咖啡",义乌的微谷等孵化器类型的文化园区。清晰的定位、精准的服务对象与独特的风格特征,能够帮助文化企业及创意阶层形成价值认同,从而决定是否进驻文化园区,是否加入文化园区所形成的社群。例如,宗毅在写字楼里开办的"超级幼儿园"项目看似与办公、生产相距甚远,但是,这个项目表明了对人的需求的关注和重视,体现了情怀和使命感。从长远看来,这个项目对创意阶层具有极大的吸引力,能够促进创意阶层加入形成的社群。社群的形成一方面承认了成员的身份,另一方面强化了社群成员已形成的价值观、认知和情感体验,加强了成员间的联系。随着时间的推移,社群成员往往不愿失去前期所付出的劳动与情感,不愿意离开社群及文化园区,从而增强了对于文化园区的黏性。通过线上虚拟、线下实体空间的双重交流,文化园区内的文化企业及创意阶层可以快速地形成身份认同,并由于地理空间的接近而不断地强化已有的认同感。而线下组织、开展的大量社交活动,如组建活动小组或俱乐部、举行下午茶会或联谊聚餐、进行项目路演或展览展示等,则为文化园区内的独立个体提供了交流的机会,从而组织或加入不同的社群。这些精神层面上的共鸣使创意阶层获得强烈的价值认同,继而对文化园区产生更为强烈的信任感与归属感。基于共同的兴趣爱好、价值观而形成的社群,通过文化园区进一步对所在区域乃至城市形成影响,进而集聚更为强大的文化创造力。

第二节 文化园区是文化创造力外溢的触媒

文化园区文化创造力集聚效应的增强,也会激发外溢效应的产生。文化园区是文化创造力外溢的触媒,会加速知识、技术、信息等智力资源在周边区域乃至城市中的扩散和影响,从而改变人们的生活方式,复兴旧城、更新区域,重塑城市文化,形成新的城市文化精神和影响力。

一、创意社群的集聚效应

英国人约翰·霍金斯于2001年出版的《创意经济》一书拓展了英国政府提出的创意产业的内涵,将创意产业提升到整个经济系统更新与变革的层面,其显著特征是:创意产业超越传统意义上的文化产业和内容产业,成为一种投入要素日益渗透和融合到各行各业的"无边界产业"[1],成为促进经济发展方式转变、创新发展模式的一种战略现代创意发展已经超越经济系统,逐渐进入通过

---

[1] 王慧敏.旅游产业的新发展观:5C模式[J].中国工业经济,2007(6):13-20.

解放创造力来塑造新阶层和更新社会的发展阶段。①

由于文化园区与周边社区之间地理位置上的邻近优势,易于形成一种集群文化。这种集群文化增强了区域内各主体之间的信任程度,提升了文化创造力的外溢效应。创意产业集聚区已经不是简单的有围墙的"园区"或"旧仓库",而是融工作、生活、商业于一体的开放式社区。如上海田子坊创意集聚区跳出了"旧厂房"的租金模式,在空间形态上,由弄堂向街区转变;在产业业态上,由单一向多元转变;在发展模式上,由厂区向社区转变,以社区为导向的园区、商区、城区"三区"联动的格局正在形成。② 创意社群在城市空间里的集聚和互动,提升了文化创造力,逐渐形成扩散和辐射效应,从而带动整个区域乃至城市的经济转型。不同创意社群之间的互动、碰撞,也有利于集聚文化人才、企业和资本,对周边社区形成外溢效应。上海田子坊文化园区创意社群的集聚与活跃,抬高了周边地价,提升了居民的文化素质和生活水平。文化创造力的扩散外溢,不但丰富了文化园区内部的知识库,而且随着文化园区上下游产业链之间以及与其他产业之间的交流、碰撞,也会引发城市创新系统中整体知识的增加。文化园区内外之间的联系日益紧密,不断增强贯通性与融合性。这种辐射外溢激发了创意阶层的想象力,营造了良好的创意氛围,提升了文化创造力,进一步形成城市形象、城市品牌、城市精神等城市软实力。

---

① 厉无畏,王慧敏.创意社群与创意产业的持续发展[J].社会科学,2009(7):36-43.
② 同①。

二、创意资源的加速流动

连锁是在当今经济活动中,各个行业可普遍采用的商业组织形式。该组织形式由一个核心企业和多个分散在不同区域的企业共同构成,核心企业一般处于领导地位。连锁化经营具有单一的独立企业经营所不具备的优势,如能够实现产品和服务的标准化、管理的规范化,树立品牌形象,实现规模经济。近年来,文化园区也出现了连锁化经营的趋势。

文化园区不仅是创意阶层的集聚地,还具有传播知识、信息、技术、生活方式与文化观念的功能。连锁化经营的文化园区能够快速地树立品牌形象,加快创意资源、创意阶层在各个园区之间的流动频率,连接城市中多个分散的场所或不同城市的空间,提升文化创造力的外溢效应。惠通、能通、电通时代广场是北京能通投资管理公司在北京运营开发的三个连锁文化园区。三个园区在经营定位、服务对象、建筑风格等方面保持一致,实现了经营理念和模式的可复制性。连锁化的经营模式加速了三大园区之间创意资源的流动,促进了文化创造力的实现。同时,连锁化的经营模式可以最大限度地向外传播"Work with Nature"的生活方式,对周边和所在区域产生影响力。

文化园区的连锁化经营与其他行业的连锁化经营有类似之处。总部制定目标、要求、理念等,各个连锁的文化园区结合自身实际条件创造性地开展经营活动。随着运营方式由单体运营转变为开放式的群体运营,文化园区实现了规模扩张,完成了文化创意资源从 1 到 N 的扩散效应。同时,入驻的文化企业也可以进行连锁经营,实现创意资源的扩散外溢。以北京尚8文化园区为例,自2007年至今,已连锁运营15个文化园区。这些文化园区大都是利用旧式厂房或办公楼进行"修旧如旧"的更新改造,服务于文化创意及相关企业。15个文化园区均使用"尚8"品牌,秉承一致的运营理念、采取相同的经营模式,通过创建公共文化服务平台、对接其他产业资源、建设社群等经营活动,实现了创意资源的有效共享。通过连锁经营模式,这些文化园区实现了文化创造力的外溢效应。

三、知识信息的传播共享

互联网的发展使知识与信息得以高速传播,将创意快速转化为生产力。2015年,猪八戒网投资建设了我国首个基于互联网平台的文化创意O2O孵化园。目前,文化创意O2O孵化园已集聚了300万家文化创意及相关企业,1100万名创意设计、营销策划、技术开发等方面的创意人才。文化创意O2O孵化园对接了文化园区内的文化企业、创意阶层与交易平台的市场需求,实现了线下企业为线上需求的服务。互联网技术的高速发展促进了文化园区内知识和信息的共享,加快了文化创造活动的开展。

文化园区公共服务平台能够有效地传播和扩散知识,加速信息流动,促进知识创新。当新观念、新知识、新信息在网络某一结点产生之后,就会在整个网络中传播、扩散。公共服务平台分析、整合信息后,使信息实现更大范围的传播和扩散,从而完成新一轮的文化创造活动。通过公共服务平台,文化园区可以整合和利用技术设备资源和专业人力资源,使文化园区内的文化企业共享设备、知识、信息等,提高科技向生产力转化的效率。建设公共服务平台是文化园区从经营办公场地的发展模式向为园区内的文化企业提供服务的发展模式转变的升级路径,是文化园区实现可持续发展的必然路径,是文化园区文化创造力外溢的渠道。

四、利益相关方的参与介入

利益相关方理论最早由美国学者爱华德·弗里曼(Edward Freeman)提出,用于分析参与同一事件的不同群体之间的结构以及这些群体在同一事件中的互动关系。"自愿(基础)相关群体"对事件的发生和发展有一定的先期投入,直接决定事件的发生;"非自愿(外围)相关群体"在事件中直接受到事件的影响。根据利益相关方理论,文化园区中文化创造活动的主体通常涉及文化园区内的创意阶层、文化企业、园区运营方以及园区外的其他组织或机构,如其他创意阶层、周边社区、高等院校、科研机构、中介组织等。同时,文化园区的规划、设计、建设、运营也常常涉及政府部门、行业协会或非营利性组织等。这些利益相关方对文化园区从多个方面有所"投入",不限于土地、人力、技术、资金等方面,也许是某种情愫。入驻文化园区的文化企业往往也会参与园区建设。这些不同群体彼此联系、相互影响,共同参与园区的文化创造活动。以文化园区的经济、文化、技术、政策环境为依托,以知识、信息、技术、人才、资金等为条件,以追求经济效益、社会效益为发展动力,各要素之间相互影响、相互联系、相互作用,决定着文化园区文化创造力外溢的过程、方式、广度和深度,逐渐形成链网结构。

五、生活方式与价值观的输出

文化园区内配套完善的文化设施和文化服务,为公众提供了一个满足求知欲望的场所。在工作时间,创意个体集聚于此,享受着文化园区内舒适的工作环境和交流氛围,进行文化创造活动。在节假日休息时间,公众可以在文化园区内享受文化成果、进行文化消费,接受文化产品与服务所传递的生活方式和价值观。

文化园区通过自身浓厚的文化创造氛围、丰富的文化创造活动和文化产品成果,向公众传递"以人为本"的生活方式和价值观。托马斯·休顿(Thomas A. Hutton)具体论述了在城市变化中,内城的新经济产业群落即创意产业部落主要集中在大城市的内城和CBD边缘地区,成为城市的"新生空间",在生产更新、景观重建、城市空间结构重新配置、内城空间的重新地方化和地方社区再生当中扮演了重要角色。[1] 沙森(Sassen)从旧城区复兴的动力因素考虑,认为创意产业区的形成对全球城市衰败地区的复兴有重要作用。城市空间总是伴随着人类生产生活方式的不断变化而改变。20世纪五六十年代,美国大批先锋艺术家入驻一片萧条、租金廉价的纽约苏荷区,为苏荷区带来了充满创意和活力的文化创造活动。几十年间,苏荷区又由建筑风格独特和艺术风格前卫的文化街区,变为纽约举世闻名的旅游、商业、文化重镇,实现了城市区域更

---

[1] 黄斌,戴林琳,胡垚,吕斌. 基于空间生产视角的文化创意产业对旧城再生影响机制研究——以南锣鼓巷为例[J]. 北京规划建设,2012(3):106-111.

新。① 北京798艺术区、上海田子坊、上海1933老场坊等文化园区也实现了城市区域的更新发展,促进了文化创造力的外溢。文化园区的建设秉承生态化、人文化的理念,无论是对老旧街道的更新改造,还是对工业遗存资源的保护利用,都保留了旧城的地缘文脉、历史价值和文化内涵,使城市建设回归其本质——"服务于人"。德国鲁尔工业区的改造建设就是老工业区更新的成功案例,它在更新过程中将大量工业时代遗留下来的厂房、仓库、煤渣山等历史痕迹明显的建筑空间,改造为科学公园、景观公园、工作空间等,实现发展生态科技、培育新兴产业、研发能源科技等功能,为周边居民提供休闲娱乐、户外教学的空间。在工业时代受到严重污染的鲁尔工业区,将人本理念和创意贯穿于再造过程,潜移默化地影响着城市居民。

理查德·佛罗里达在《创意经济》一书中多次强调,社会应该形成一种开放、包容的文化,无歧视,无约束。在这种文化中,人类的天性得以施展,真实自我能够被尊重,天性当中的文化创造力能够被激发,而这一切连锁反应都应来自于文化的力量。文化创意产业的主体是"人",其发展不是单纯依靠自然资源或资金投入,"人"的文化创造力是实现文化创意产业发展的根本。因而,文化园区更加重视人的需求和人的价值。

六、城市精神与影响力的形成

文化园区作为知识和技术创新的"孵化器",不但要从基础设

---

① 丝奇雅·沙森. 全球城市:纽约 伦敦 东京[M]. 周振华,译. 上海:上海社会科学院出版社,2005.

施、产权机制、融资渠道、人才、创意氛围等方面,支持区域和城市发展。更要对城市精神具有塑造作用。"工业特色文化城市的建筑遗产及其文化景观是工业化过程中,人的思想意识、情感、价值观等与特定地理环境长期相互作用的产物。"①文化园区能够唤醒人们对城市历史和已逝生活的记忆,延续城市传承至今的文化脉络,形成城市精神和影响力。通过文化园区,城市管理者可以有目的、有计划、有步骤地将文化逐步纳入新城区发展进程中,塑造城市文化。中国台湾台北华山1914文化园区就是这样的例子。其所在区域是1914年日本人设立的酿酒厂,酒厂在历史变迁中起伏变化,经历过更名、易主、转型、兴盛、衰败、迁厂。几位艺术家发现了这块保留了台湾生活和产业印记的场所,将之改造成文化艺术的展示平台。原酒厂的酿酒车间、酒槽等设施被完好地保存了下来,老式砖木结构、水泥房屋、已露出斑驳底色的日式木门,无不在提醒着当代的人们不要忘却这座城市的精神。文化园区不仅承载了城市与众不同的传统文化,也是城市精神形成的重要空间载体之一。

中国香港学者吕大乐在考察全球城市社会文化发展状况时,指出"全球城市的文化氛围,很大程度上依托于人的聚集。它们市区内的一些小区曾经是文化人可负担的生活地点,而这些文化人的生活、创作令整个城市逐步建立它们的文化内涵和个性"。② 创意人才和文化企业集聚的文化园区,无疑是城市精神的孕育地。这些文化人的集聚重塑了城市的文化内涵与性格,不断地为城市

---

① 佟玉权.工业特色文化城市及其评价体系[J].大连海事大学学报(社会科学版),2015,14(3):1-4.
② 吕大乐.对全球城市社会文化发展的一些看法[J].科学发展,2015(6):20-23.

提供丰富的文化资源。他们用特有的创意改造城市街区,促进了文化创造力的外溢。

第三节 文化园区的本质是文化创造力的集聚与外溢

作为新兴产业业态,文化创意产业发展的核心要素是创意与创新。较之物质资本、土地资本,这种生产要素更具有集聚的外部性优势。当前,许多城市正积极推进文化创意产业的发展,大力建设文化园区。文化园区作为文化创意产业的重要空间载体,主要以园区、城市街区、创意公共空间等形态出现在城市中。作为文化创意产业发展的重要载体,文化园区在特定的地理空间上集聚了大量文化企业及相关机构,以集聚效应影响着园区内外。自马歇尔开始关注产业集聚现象以来,国外学者从形成原因、影响作用等角度对产业集聚进行了大量、深入的研究,在经济学领域也衍生出了众多流派和假说。马歇尔在研究英国工业组织时,发现规模经济是产业集群的外部动因,而相关产业的大量集聚降低了交易成本,随着竞争性质的企业间的资源、信息等共享,产业效率以及工艺水平也得到了较大的提高。韦伯(Weber)在《工业区位论》中提出"集聚经济"这一概念。他特别指出,产业集聚的第一阶段是企业规模的简单扩大,而随着企业自身的组织结构的完善,吸引更多同质的企业,从而进入产业集聚的第二阶段。产业的集聚会带来以下四个方面的改变:一是技术设备的发展促使生产过程专业化,二是对劳动力专业化分工的要求加快劳动力组织的形成,三是市场化使交易成本降低,四是共享基础设施使企业的经常性开支成本减少。迈克尔·波特认为竞争是产业集群的成因,创新是产业集群这个动态系统的核心,而产业集群能够促进企业实现创新,进而提高一个区域、一个国家的创新能力,最终提高国家的整体竞争力。

文化园区作为集聚经济的空间载体,其主导功能自然是使经济向集约化发展,但文化园区又具有不同于传统园区与高科技产业园的形态和精神内涵。从经济发展角度来看,知识经济在文化园区中得到了高度而集中的体现,智力资源等无形资产已成为知识经济的第一发展要素,低耗能、智力依赖、文化创新赋予了文化园区鲜明的发展特征。从人力资本发展角度来看,"文化园区主要依托人的智慧和思维,通过各种手段,把人与自然、信息紧密地联系起来,从而实现人与人的思维交流、人与自然的情感交流以及人与网络的信息交流,创造多样化的工作空间、交流空间和休闲空间"。[①] 从技术创新角度来看,集群以多种不同形式创造了创新的发展环境。创新效率越高,集群的重要性越突出,其促进创新的主体功能越明显。从发展内容角度来看,文化园区的核心内容是创意,而创意的获得来源于不同行业的相互交流、碰撞。张书认为文化园区强调文化创意,文化园区既是文化生产的地方,又是文化消费的地方,多样性、变化性是其基本特点,完整的上下游产业链为文化创造的落地与推进提供了空间平台。[②] 郭全中认为,文化园区

[①] 巫勇.创意产业集聚区的兴起与城市设计策略[D/OL].合肥:合肥工业大学,2007.
[②] 张书.我国文化创意产业园区的发展现状及存在问题[J].河海大学学报(哲学社会科学版),2011,13(2):81-83.

以文化创意产业为核心,其本质是创意和创新。①

文化园区在地理空间的就近集聚、产消一体的产业特征、产业资源的高效整合、集群组织的学习效应、品牌与社群的有效形成、价值认同的有效形成等,都离不开创意阶层这一主体的文化创造活动,其本质是文化创造力的集聚。文化园区联结创意资源,创建网络平台,使利益相关方参与介入而实现互惠多赢,形成城市精神与影响力。从本质上讲,这些功能是文化创造力的外溢效应。

良性发展的文化园区能够通过集群效应,在文化产品的生产、交易、展示、消费、体验等方面充分发挥文化创造力,最大限度地实现文化创造力的集聚与外溢。文化园区能够集聚文化创造力,同时产生外溢效应,形成对周边区域乃至城市的影响。这种外溢效应的产生,是通过文化园区建立的网络和渠道,是通过创意阶层开展的文化创造活动。这与我国现阶段建设以人为本、可持续性发展的城市理念高度契合。

---

① 郭全中. 我国文化产业园区研究[J]. 新闻界,2012(18):62-67.

第三章 文化园区提升文化创造力创新模式的构成因素

文化园区内,大量的创意阶层、文化企业和支撑机构,通过专业化分工协作,进行工作、生活、休闲、游览、体验等活动。要想有效地提升文化园区的文化创造力,离不开文化创新、文化消费、科技创新、创意环境和政府行为、市场竞争、社会网络、知识产权保护、非物质文化遗产传承等内外部因素的共同作用。

第一节 文化园区创新模式的内部因素

精神文化、物质文化、行为文化、制度文化等方面的创新发展,是文化创造力实现的重要途径。文化消费是对文化产品的消耗,是文化创造力价值的集中体现。科学技术是创意力量,科学技术水平的高低决定了文化创造力提升的层次。创意环境是创意孵化的温室,是文化创造力释放与提升的关键因素。因此,文化创新、文化消费、科技创新、创意环境构成了文化园区提升文化创造力创新模式的内部因素(如图 3-1)。

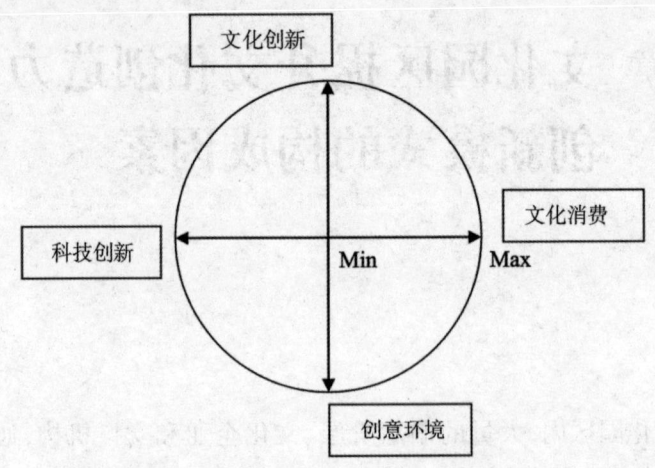

图 3-1 文化园区创新模式的内部因素

一、文化创新

文化创造力是通过激发主体的创造潜能,促进新的文化样式、形态和内容的出现而实现的。文化创造力的大小并不取决于文化存量的多少,而取决于文化创新的速度。文化创新能够为文化创造力的实现提供必要的智力支持和保障,是影响文化创造力发挥的重要因素。

文化一词有广义与狭义之分,广义的文化指由人类创造的、非自然界提供的一切成就;狭义的文化指精神文化,即社会意识形态以及与之相适应的制度体系,也指一个群体共享的价值观体系,这种价值观体系反映了"人与自然、人与社会、人与人之间以及人自身内部身心之间关系的价值判断"。① 1871年,英国文化学家泰勒在《原始文化》一书中对狭义的文化做了经典阐释,指出"文化是包括知识、信仰、艺术、道德、法律、习俗和任何人作为一名社会成员而获得的能力和习惯在内的复杂整体"。② 因此,从本质上来讲,文化体现了人类自身所独有的存在属性。文化是文化园区创新发展的重要因素。营造创新的文化氛围,需要园区经营管理者在进行文化建设的过程中结合园区实际,不断引入创意元素。精神文化创新、物质文化创新、行为文化创新、制度文化创新是文化园区文化创新的主要内容。

一是精神文化创新。精神文化是一个国家和民族在长期社会生产和生活过程中逐渐形成的公共文化认知,是文化发展进程中形成并积淀下来的具有强大感召力和凝聚力的文化内核,一定程度上反映了特定文化集群的文化特质。精神文化层面的创新,在文化园区文化创新体系中居于核心地位。文化园区的精神文化创新包括保护工业遗存、生态和谐的探索精神;倡导敢于冒险、富于进取、坚强果断、迎接挑战的创业家精神;维护区域信用、商誉,维护区域行业秩序和提升商业道德的自律精神;园区内外企业、高校、科研院所、中介机构等组织的合作、和谐、共赢精神。优秀的精神文化、正确的价值观对树立文化园区的创新形象、创新品牌都具有积极意义,可以有效地提升文化园区的文化创造力。

二是物质文化创新。物质文化是文化要素或者文化景观的物

---

① 王国保.中国文化因素对知识共享、员工创造力的影响研究[D/OL].杭州:浙江大学,2010.
② 宝贡敏.企业成长与竞争战略管理:基于我国经济与文化特点的分析[M].西安:山西人民出版社,2004:74.

质表现方面,"是一种以物质形态为研究对象的表层的文化形态,是由政府或有关组织为鼓励和推进创业而建立的各种物质设施构成的有形的器物文化"。① 物质文化创新不仅包括对生产设备、工艺流程、技术手段的研发、引进和改造,而且包括在文化园区内设立创业孵化器、创业中心等相关机构。文化创造力的实现取决于相关文化主体获取知识文化、更新知识结构的能力。物质文化要素的创新发展,为创意人才的集聚奠定了物质基础,也在一定程度上促进了文化创造力的发挥。

三是行为文化创新。行为文化创新是指为推动园区创新而开展的一系列宣传、教育活动以及在创新、创业行为中产生的文化创新现象。文化园区行为文化创新具体表现为开展创业宣讲教育、举办知识论坛、提供周到的创业服务等。行为文化创新有效促进了知识的创新、传播,加强了文化资源的交流共享,一定程度上促进了文化创造力的集聚与外溢。

四是制度文化创新。文化创造力的提升不仅需要精神、物质、行为层面的创新,同时也需要制度的创新。文化园区制度文化层面的创新,包括组织创新、机制创新、管理制度创新等,具体包括人才管理制度、产权制度、资源配置制度、信誉评价制度、税收制度、文化成果评价制度、监督制度等。制度文化创新对促进文化创意及相关产业协同发展具有积极作用。

精神文化、物质文化、行为文化、制度文化等方面的创新,为文化创造力的提升提供了一定的支持。在文化创新的四个方面中,精神文化创新是文化创新的基础和前提,物质文化和行为文化创

---

① 王延荣. 论我国高新技术园区的文化创新战略[J]. 技术经济,2004(10):24-26.

新是文化创新的方式方法,制度文化创新是文化创新的有力保障。在大众创业、万众创新的产业背景下,我们应努力促成文化精神的创新,培养企业家精神,营造以人为本、竞争合作的氛围。正如美国硅谷发展的助推力并不是某项技术和产品,而是企业之间、员工之间的相互竞争与密切合作,在竞争中合作,在合作中发展,实现个人价值实现和产业发展的和谐统一。物质文化与行为文化的创新发展,是文化园区文化创新的具体表现,对提高整个园区的创新、创造能力,促进人才、知识、资本资源的集聚与外溢具有重要意义。制度文化创新是保证文化创新实现有序、可持续发展的有力保障。制度文化创新鼓励创新思想,提供创新支持,建立创新决策、管理、评价机制,有利于区域经济结构和社会结构的创新发展。

二、文化消费

文化消费是人们为了满足自身精神文化生活而采取不同的方式来消费精神文化产品和精神文化服务的行为。[①] 文化消费是对精神文化产品以及相关服务的消费,同时,这种消费过程又是对精神文化继承和创新的过程。文化消费主要分为文化产品消费和文化服务消费两种形态,文化产品消费的对象主要包括文化用品、艺术品、音像制品、图书报刊等,文化服务消费的对象主要有文艺演出、歌剧、舞剧、音乐会等。根据文化消费主体价值观念、兴趣爱好、文化素养、收入水平的不同,文化消费呈现多层次的需求,如消遣型、娱乐型、智力发展型、社交型等。其中,消遣型和娱

① 曹俊文.精神文化消费统计指标体系的探讨[J].上海统计,2002(4):42-43.

乐型属于较低层次的文化消费,智力发展型、社交型属于较高层次的文化消费。

　　文化产业为文化消费提供了必要的文化产品和文化服务,引导着文化消费的方式。文化园区是在一定地域内集聚形成的一种弱化和消解产业边界的文化产业的经济形态,集聚了文化产业链条上的上下游企业,集聚了文化产业的创意主体、生产主体、服务主体等,其目的是为了互补协作、资源共享。文化园区所带来的规模效应,促进了文化园区内企业的快速孵化、成长,逐步形成完整的产业链条,提升了科技文化创新的效率,提升了文化消费市场的水平。随着创意经济的发展,文化消费不断增长,消费者往往习惯于选择特定的区域集中进行消费。虽然文化消费不一定需要固定场地,但是为了实现其便捷性和有效性,仍然存在向着城市的某个区域相对集中的趋势。

　　文化园区不仅为文化消费提供了空间场所,并且促进了文化消费的产生与发展。文化园区资源的高度集中,会营造浓厚的文化氛围、提升文化品牌,从而促进文化消费。文化消费行为的产生、文化消费能力的提升、文化交易平台和场所的形成,意味着文化创造力水平的提升。只有当文化创造力的发展水平满足文化园区内文化消费的需求时,才能有助于实现供需对接、资源整合。在文化消费过程中,人们实现了对文化的普及与传播。文化传播的范围越大,文化创造力实现和外溢的可能性越大。文化消费本身就是一种文化的传承行为,也是促进文化创造力提升和发展的驱动力。

　　文化园区与文化消费市场的良性互动,有助于文化消费的实现、文化创造力的激发。但是,目前文化园区在文化消费方面仍存在诸多问题。如一些文化企业缺乏充分的文化消费市场调查分析,导致文化产品和服务与文化消费需求无法实现精准对接。文化管理部门、中介机构协调和统筹的意识不强,没有充分发挥协同作用,导致文化产业与相关产业之间的跨区域、跨产业合作相对滞后。融资困难、税费负担、技术落后、人才短缺、文化资源流失、知识产权制度不健全等问题,一定程度上限制了文化消费的产生与发展。

三、科技创新

提升文化创造力的关键因素之一是科学技术。第一次工业革命实现了机械化生产,第二次工业革命实现了规模化生产,也为人类社会带来了沉重的资源和环境负担。美国经济学家杰里米·里夫金(Jeremy Rifkin)指出,全球正在进入后碳时代,只有进行新能源革命、采用可再生能源,才能在未来成为全球经济转型的龙头,成为第三次工业革命的主要力量。里夫金指出,互联网技术在第三次工业革命浪潮中能够对分散在世界各处的可再生资源进行有效整合,更具有划时代意义的是,它将生产者和消费者之间的供求关系改变为合作关系,交易双方由于信息的公开化而共同获得利益。社交网络、维基百科的大行其道向世人宣告着知识共享时代的到来,信息技术、网络技术的迅猛发展使得知识、信息不再成为某些特权阶层的专属品。受益于渠道的开放性,知识、信息变得更加易于获取和传播,潜在的创意阶层以成倍的速度不断地增长扩大,文化创造力的主体力量也得到极大的发展。人们对知识和信息的渴望、对文化产品的需求日益增加,这都要归功于互联网技术的发展。①

与此同时,互联网技术的发展也为文化园区内知识、信息的传播提供了技术支持。依托于互联网技术的公共服务平台,不仅为文化园区内的文化企业、创意阶层提供了交流、互动的渠道,也为园区内外之间的交流、互动提供了便捷、有效的通道,使研究成果快速进入市场。如果未能及时吸收信息技术的最新成果,那么文化创造活动将无法很好地满足公众的需求。在移动互联网和物联网的驱动下,第五代移动通信技术(5G)将会使网络更加智能、开放和高效,实现海量数据的可靠、即时、高效的传输,满足不同创意主体的差异化需求。

2008年,北京科学技术委员会项目《文化创意产业公共服务平台研究》将"文化创意产业公共服务平台"定义为"以资源共享和产业服务为核心,集聚和整合政府、企业、科研院所和高校的文化创意资源,运用信息、网络等现代科技形成的物质与信息服务平台,通过建立共享机制和运营管理组织,为文化创意产业发展提供公共便利、创造公共条件的开放、共享的服务网络、体系或设施"。②从本质上看,公共服务平台基于信息技术的制度性安排,具有共享性;从服务对象来看,公共服务平台主要服务于各类文化创意企业,特别是处于创业初期的中小微文化企业;从服务内容来看,公共服务平台主要提供资金、人才、技术、信息等,强化共享与合作,推进文化创意成果转化,不断促进文化创造力的提升;从服务主体来看,公共服务平台涉及政府、文化园区管理机构、科研院所、高等

---

① 里夫金.第三次工业革命[M].张体伟,孙豫宁,译.北京:中信出版社,2012.
② 赵继新,楚江江.北京文化创意产业公共服务平台构建研究[J].北方工业大学学报,2011,23(2):1-7.

院校、中介机构、协会社团以及相关企业;从平台构成来看,公共服务平台是由各类公共机构、私有机构、非营利组织组成的网络系统,包括有形的实体平台和无形的虚拟平台。

　　文化园区依托于信息技术建立的公共服务平台,包括创业孵化平台、人力资源平台、投融资服务平台、知识产权平台、展示交易平台、对外交流平台、网络信息资源服务平台。构建公共服务平台,能够有效集聚、整合各类资源,为文化园区内企业和创意阶层提供服务,降低企业的成本和风险,提升企业的可持续发展能力,改善文化体验、促进文化消费。

　　一是创业孵化平台。创业孵化平台是文化园区为初创企业提供共享服务空间、公共经营场所、项目资金申请、成果技术鉴定、政策指导、咨询策划、项目顾问、人才培训、信用评估、经营管理指导等专业性、综合性的创业服务平台。创业孵化平台能有效降低初创企业的创业风险和创业成本,提高企业的存活率和成长性,提升文化园区乃至文化创意产业的创新活力。

　　二是人力资源平台。"人力资源"是指"能够推动整个经济和社会发展的劳动者的能力,即处在劳动年龄的已直接投入建设和尚未投入建设的人口的能力"。[①] 人力资源的合理利用及开发决定着一个组织的深度发展能力,"组织的人力资源管理是一个庞杂的系统,包括组织设计、工作分析与评价、人力资源计划、人才招聘与选拔、薪酬福利、绩效考评、培训、劳动关系管理、组织文化建设等专业模块"。[②] 人力资源服务平台为入驻企业提供的专业化人力资

---

① 张德.人力资源开发与管理(第2版)[M].北京:清华大学出版社,2001:56-57.
② 萧鸣政,郭丽娟,顾家栋.中国人力资源服务业白皮书(2010)[M].北京:人民出版社,2011:36.

源服务,如人才招聘、人才培训、人才测评、人才和劳务派遣、薪酬管理、绩效管理等,降低了入驻企业的人力资源管理成本,有助于企业系统化和可持续发展。

三是投融资服务平台。主要包括融资媒介服务、风险投资服务、天使投资服务、基金管理服务。融资媒介服务是孵化器发挥自身媒介平台作用,建立多样化的融资渠道,为初创文化企业提供多种融资服务(主要包括基金申请服务、资金担保服务、融资中介服务等)。风险投资服务是选择具有较大市场盈利潜力和高成长性的在孵企业,通过独资、合资等渠道建立孵化基金体系直接进行风险投资,为缺乏资金、处于"种子期"的在孵企业提供必要的资金支持,灵活选择企业上市、兼并收购、企业股权回购等方式退出风险投资。"天使投资是自由投资者或部分投资机构对原创项目构思或小型初创企业进行的一次性的前期投资"[①],当孵化器本身设有"种子"资金的情况下,天使投资服务较易实现。孵化器提供的天使投资服务适用于在孵企业发展的各个阶段,但在初建期尤为重要。基金管理服务可以说是伴随风险投资而产生的,是为风险投资机构的基金投资进行投资项目开发、评估、建议、决策、管理、收益分配的管理服务。当一个孵化器具备基金管理能力时,就具备了做大规模以投融资为核心的增值服务的能力。

四是知识产权平台。文化园区知识产权服务是以知识产权制度为基础,以龙头企业及特色产业为着力点,通过知识产权创新、保护、运用来健全知识产权服务体系,进行有计划的组织、协调、管

---

① 郑孝国.孵化器投融资模式探讨[J].福建论坛(人文社会科学版),2006(6):22-25.

理与服务活动。知识产权服务平台是园区管理者"以园区产业为服务对象,为园区提供的政府直接参与的公共服务体系以及政府间接参与的社会服务体系的总和"①,其中公共服务体系包括产业预警、宣传培训等,社会服务体系包括知识产权代理、转让、评估、诉讼、许可等。

五是展示交易平台。文化创意产业的产品可分为两种,一是实体产品,如设计品牌;二是电子及虚拟产品,如广告公司提供的创意服务。由于文化创意产品的文化附加值较高,因此需要对其文化意义进行深度宣传与展示。文化园区可根据需要,向企业提供必要的展示交易服务。展示交易平台的服务包括前期资源配备、展会营销、策划布展、审批报备、交易后期宣传推广等,可有效地促进文化园区内外企业的商务往来,促进多产业融合。

六是对外交流平台。文化是城市发展的内在驱动力,城市的创新发展有赖于文化的多样性。文化园区内企业之间,企业与政府、高等院校、科研院所、金融机构、中介组织、媒体之间,以及各文化园区之间的交流是推动社会经济和文化多元发展的重要助力,有助于各方取长补短、优势互补,在交流中共谋发展,在合作中实现共赢。

七是网络信息资源服务平台。网络信息资源服务平台是指为企业、客户、居民、游客提供诸如信息查询、专业咨询、数据库查询等相应服务功能的一体化网络服务系统。作为虚拟线上网络化平

---

① 杨晨,代杰.基于产业集群的园区知识产权管理与服务绩效指标体系构建[J].情报杂志,2012,31(4):160-164.

台,网络信息资源服务平台涉及人力资源管理、知识产权交易、投融资等线下实体平台的相关内容,承担文化创意产业行业信息、政策法规、市场舆情等公共信息资源的编制、发布;法律、工商、税务、市场、企业运营等专业信息的咨询与指导;用户基本信息、专利信息、人才招聘信息、投融资等信息资源的收集、管理、宣传与推广,为文化园区内企业的运营与管理、客户的商务交流、居民和游客的参观游览提供了便利。线上、线下服务平台的协同合作,有助于集聚资源,形成文化园区系统、完整的产业链条。

四、创意环境

文化园区鼓励创新、创造的创意环境和创意氛围。创意环境是创意孵化的温室,是文化创意活动高频、有效地开展的重要保证。

尽管学者们对激发创造力的环境因素的构成有不同的看法,但都认同环境因素在文化创意产业发展中的重要作用,认为其关系到创意人才的流动,关系到企业家的行为、新企业的形成、技术和组织的变化,关系到集体创造力的发挥。以北京南锣鼓巷为例,受益于周边中央戏剧学院、齐白石故居、茅盾故居等文化资源,南锣鼓巷在发展初期就集聚了大量的艺术创作者等创意阶层。胡同这种独特的历史遗址空间,又为艺术创作提供了场所和灵感。[①]

良好的硬件基础设施和文化产业配套设施,能够促进文化创

---

① 张纯,王敬甯,等.地方创意环境和实体空间对城市文化创意活动的影响——以北京市南锣鼓巷为例[J].地理研究,2008,27(2):439-448.

意活动的产生。一个拥有博物馆、美术馆等文化设施的封闭、静态的文化园区,不一定能够吸引创意人才进驻,但一个开放、共享的文化园区肯定是创意阶层向往的地方。近年来,我国各地大量建设"动漫园""影视基地""新媒体中心"等文化园区。但是,不难发现,部分文化园区只是简单地照搬国内外文化园区的成功发展模式。尽管在区位选择上,能够做到靠近艺术院校、利用艺术人才的知识外溢效应,在配套服务上,能够考虑到文化企业的发展需求,引进工商注册、财税法务等配套服务机构,但是,出于时间、成本等现实考虑,部分文化园区往往忽视了创意环境的营造。文化园区创意环境的营造,可从以下四个方面着手。

一是公共文化基础设施。包括图书馆、博物馆、美术馆、展览馆、音乐厅、剧院、电影院、文化艺术中心等面向公众展示文化成果、开展文化活动、提供文化服务的公益性场所。

二是产业增值服务设施。与一般工业或者制造业产业园区不同,文化园区要为文化企业提供人力、投融资、信息、知识产权等方面的服务,这关系到文化服务企业创意成果转化的效率与市场需求的匹配度。

三是绿色生态环保设施。能够激发人的创新、创造潜能的环境,一定是贴近自然的。保护水土、植被等自然资源,符合现代社会创意阶层对工作环境和生活环境的高品质要求。

四是自由开放的创意氛围。酒吧、咖啡馆等实体空间为各类创意活动的开展,提供了自由开放的场所。此外,共享的办公空间包括会议室、商务中心,打破了传统围墙式的办公方式。开放、分享的空间环境,能够促进创意工作者之间的交流和互动。

北京798艺术区、方家胡同46号、上海M50艺术园区等项目,在兴起之初往往都不具备公共配套设施、产业增值服务设施和绿色生态环保设施,但是都能够提供开放、自由的创作空间,给予进驻的文化企业及创意阶层较大的创意发挥空间。由此可见,在文化园区发展初期,创造自由、开放、共享的创意氛围十分重要。自由、开放、共享的创意氛围,能够促进创新、创造行为的产生,能够吸引创意人才的进驻。美国纽约兴起的 WeWork 是以开放式的办公空间和齐备的生活服务设施而著称的新型文化园区,它为小型企业的创业者提供了轻松、自由的创意环境。WeWork 提供商务(包括财务、人力、设计、电信、IT 等)、零售、餐饮、健身、租车等服务,举办会员创业营或联谊活动。WeWork 的办公空间并没有音乐厅、博物馆等公共文化设施,但是,这并不妨碍入驻的创意阶层进行创新、创造活动。以 WeWork 为代表的联合办公模式,颠覆了人们对于工作模式的认知,开创了平台化运营的管理模式,对文化园区创新具有一定的启发。

第二节　文化园区创新模式的外部因素

文化园区文化创造力提升集聚与外溢效应,不仅需要文化创新、文化消费、科技创新、创意环境等内部因素的作用,也需要政府行为、市场竞争、社会网络、知识产权保护、非物质文化遗产传承等一系列外部因素的支持与推动(如图 3-2)。

第三章 文化园区提升文化创造力创新模式的构成因素

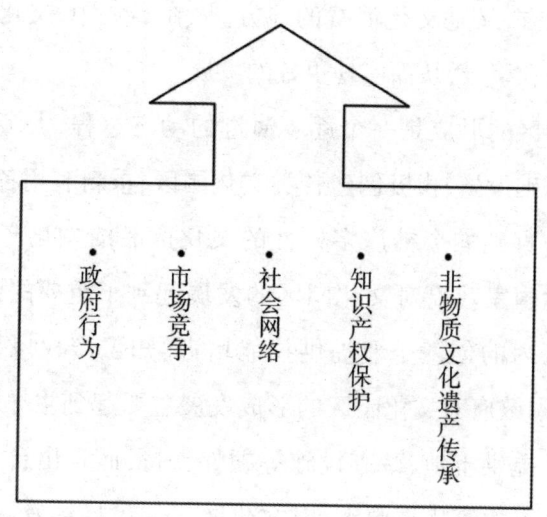

图3-2 文化园区创新模式的外部因素

一、政府行为

政府是人类文明发展到一定程度之后出现的制度形态,是国家与社会的代理机构,主要体现为一系列制度化的行为,如法律、规范、规章、传统等。这里的政府主要指狭义政府,即城市政府的行政机关。关于政府行为,简言之就是政府职能的具体运作。具体到创意城市,其主要职能是通过制定政策、规章、制度,提供公共产品和公共服务,推动创意经济乃至创意城市全面、可持续发展。

发展创意经济是创意城市政府部门的重要任务,而建设文化园区是发展创意经济的重要路径。文化园区不同于一般的工业园区或高新技术园区,它既是工作的地方,又是生活的地方,既是文化生产的地方,又是文化消费的地方。① 在实践中,文化园区需要政府的支持和引导,从而实现更好的发展。

文化园区的形成是一个逐步演进的动态过程,大多是从大力建设文化基础设施、积极创建各类文化园区、重新利用各种旧式建筑和遗迹一直到如今推广多样性的文化产品的文化产业集群。② 欧美等发达国家政府对文化园区的发展起到了重要的助推作用,为文化园区内的创意企业提供技能培训、知识产权保护等服务。新加坡、韩国政府对文化园区的形成发展主要起到主导作用,不仅为文化园区提供土地、基础设施等硬件支持,而且出台大量财政、税收、金融、人才等优惠政策,对文化园区的可持续发展起到了重要的外部支持作用。

在我国,政府对文化园区的支持作用主要表现为:在政策层面上,完善相关法律、法规,加强文化园区配套设施建设,为入驻企业提供财政、税收、金融、土地等方面的优惠;在市场层面上,推进文化产业市场经济体制进一步完善,形成产业关联效应,为入驻企业提供全方位、人性化的公共文化服务;在发展模式上,配合我国新型城镇化建设、旧城改造更新、产业转型升级等发展战略,实施以人为本、绿色生态的文化园区建设路径;在推进机制上,推进高等院校、科研机构、中介组织、行业协会的发展建设,促进其与入驻企业的互动与合作。

---

① 彭民安. 论促进动漫产业集群化发展的地方政府治理模式——基于上海、杭州、长沙的比较研究[J]. 中国广播电视学刊,2007(4):9-11.
② 陈霞红. 杭州文化创意产业园区发展中的政府行为研究[D/OL]. 杭州:浙江工商大学,2013.

二、市场竞争

熊彼特认为：大企业在经济规模、风险分担和融资渠道等方面拥有相对优势，因此大企业比小企业有更强的创新能力；由于研发活动需要持续的利润支持，因此拥有垄断地位的企业有更强的创新能力。简言之，企业的创新能力与规模、市场势力应该是正相关的。但是，一方面，不同行业的创新活动所需要的研发成本是不同的，因此规模小的企业也可能具有更强的创新能力；另一方面 Arrow 认为在特定的条件下，竞争性产业比垄断性产业能产生更多的研发激励，这意味着企业的垄断地位可能会削弱其创新激励。Aghion 等人则认为，创新活动和市场竞争程度之间是倒 U 形关系，因为竞争既会增加来自创新的额外利润，又会削弱落后者的创新激励。尽管学界对创新活动与市场竞争之间的关系的观点并不一致，但是，大量研究已经显示出两者之间存在着某种必然的联系。聂辉华等人通过对 2001－2005 年规模以上工业企业构成的面板数据进行分析，发现一定程度的规模和市场竞争有利于企业进行创新活动。[①] 文化园区集聚文化企业及配套服务企业，建立高度关联的产业链、服务网络，从而起到优化产业结构的积极作用。

文化产品的价值在于创意思想的体现，智力要素是文化产品重要的组成因素。智力要素使文化产品具有生命力，使文化产品的功能、形态实现升级，从而吸引更多的消费者。只有不断创新，文化企业才能具有竞争优势。市场竞争要求文化企业不仅对文化产品和文

---

① 聂辉华,谭松涛,王宇锋.创新、企业规模和市场竞争：基于中国企业层面的面板数据分析[J].世界经济,2008,31(7):57－66.

化服务进行创新,也要在营销策略、品牌塑造等多方面进行创新活动。

自由、开放的市场竞争环境,能够促进文化园区内文化创造活动健康、有序地开展。文化园区中既有为数众多的中小微文化企业,又有在行业领域中处于领先地位的龙头企业,它们都要遵循市场规律,共同接受市场的检验。它们在市场竞争中形成的良性互动,既能促使龙头企业发挥其技术、资金优势,不断进行文化创新、创造活动,又能激发中小微文化企业的文化创造潜力,建立企业的创新机制,从而使文化创意产业实现可持续发展和产业繁荣。正是这种公平的竞争机制,形成了文化产业多元投资格局和多种经营方式。中小微文化企业和龙头企业在良性竞争与合作中,进行文化创造活动,提升自身的文化创造力。

无论规模大小,文化园区内的文化企业都可以从市场竞争中获益,获得更为强大的市场竞争力和更为持久的竞争优势。市场竞争是企业进行创新的重要助推力。由于地理空间上的临近,文化园区内的文化企业及创意阶层时刻面临竞争,从而获得了更多发挥和提升文化创造力的机会。

三、社会网络

文化园区实现文化创造力的集聚和外溢效应有多种途径,例如发挥地域邻近优势和采用连锁运营机制。同时,多个文化园区还会产生关联性的集聚和外溢效应。在这个过程中,文化园区的集聚效应进一步增强、文化创造力进一步提升。

文化园区涉及多个主体,包括以企业为主的核心主体和由政府机构、高等院校、科研院所、中介组织、行业协会等组成的辅助主体。核心主体和辅助主体共同组成密集、顺畅的渠道,能够将文化产品和服务传递给消费者,能够把文化消费者的需求反馈给生产者。

社会网络可以将文化园区内外的创意阶层联结起来,使文化园区内部的文化创造力向外扩散,文化园区外部分散的文化创造力进入文化园区。要形成社会网络,文化园区要具备高度的开放性,使文化创造活动自由地开展。同时,文化园区周边的政府机构、高等院校、科研院所、中介组织、行业协会等组织,通过提供知识、信息、技术等公共资源,提高文化创造力的集聚和外溢效应。因此,社会网络对于文化园区文化创造力集聚和外溢效应的产生具有重要的支持作用。

四、知识产权保护

知识经济时代,知识这一无形资产成为经济发展的重要力量。以知识产权为核心的无形资产,逐渐成为企业在市场中获得高收益的核心要素。"美国微软公司知识产权和无形资产的价值占到总资产的90%以上,而德国默克公司则占到80%以上。而专利、商标、品牌、技术秘密等知识产权所体现的竞争优势,在市场中往往可以获得最高额的回报率。"[①]

北京市统计局《北京市文化创意产业分类》将文化创意产业定义为"以创作、创造、创新为根本手段,以文化内容和创意成果为核

[①] 张颖颢. 小微企业实施知识产权战略的重要意义[J]. 商业文化(上半月),2012(4):155-156.

心价值,以知识产权实现或消费为交易特征,为社会公众提供文化体验的具有内在联系的行业集群"。① 文化创意企业发展的核心竞争力是创意力、创新力与创造力。文化创意企业强调知识、智力和创意等无形资产,注重产品和服务的高附加值。

  与传统产业相比,文化园区的发展更需要知识产权保护。我们看到,美国的创新企业之所以层出不穷,能够保持在全球多个领域的领先位置,离不开完善的知识产权法律体系。这种对知识产权的重视可以追溯至美国宪法,其宪法第八条第一款:"国会有权对作者和发明人的作品和发明,授予一定期限的独占(专利)权利,以促进科学和实用技术的发展。"美国现行的《专利法》于1952年颁布,此后进行过多次修订。1980年,《斯蒂文森-威尔德勒技术转让法案》在美国国会通过,该法案加快了联邦政府所拥有的专利向市场转化。《专利法》《商标法》《版权法》《反不正当竞争法》对著作权及邻接权、专利权、商标权、商业秘密权、集成电路布图设计权、植物新品种权等进行全面的规范和保护。为了推动"文化立国"战略的顺利实施,日本文化厅发布了《21世纪文化立国方案》,该方案被视作日本"文化立国"的纲领性文件之一。随后,日本政府制定了一系列保护知识产权、促进文化产业发展的法律法规,包括《知识产权基本法》《著作权管理法》《信息技术基本法》《文化产业促进法》《内容促进法》等。我国自2009年国家知识产权局会同工业和信息化部在全国32个中小企业集聚区共同实施中小企业知识产权战略推进工程以来,每年集聚区中小企业的数量以20%左右的速度增长,中小企业的专利申请数量以年均53.8%的速度上

---

① 胡艳超.北京市文化创意产业发展实证研究[D/OL].北京:首都经济贸易大学,2012.

升,专利授权的增速超过30%,平均每个集聚区有专利申请的中小企业占企业总数的比例为43.5%。① 由此可见,从政策、法律等层面完善知识产权保护,能够激发文化企业的文化创造力。知识产权保护是尊重和保护文化创造主体的劳动,构建公平、公正、健康的市场创新环境,提升文化园区文化创造力集聚和外溢效应的重要支持因素。

五、非物质文化遗产传承

城市文化是一个城市从诞生到发展过程中所形成的生产方式、生活形态、文明成果的历史积淀,非物质文化遗产是城市文化中富有特质的重要组成部分。它不仅仅是一个城市中被保护的古老建筑、文明古迹、历史街区,而且是一个城市全体居民共同的文化记忆。一个城市的发展不仅与历史文化遗迹保护相关,而且与非物质文化遗产的传承密切相关。范周指出,要"通过数字技术等对传统公共服务内容和资源进行改造升级,推进传统文化、非遗文化的数字化保存与传播,实现业态创新"。②

当下,在城镇化建设的过程中,许多城市纷纷效仿西方大都市的建筑样式与风格,失去了独有的个性。其后果就如刘易斯·芒福德对罗马城的描述,城市在物质上的过度扩张与文化上的日益衰败必然导致城市最终的"灰飞烟灭",因为一个城市无论怎样富

---

① 国家知识产权局.关于知识产权支持小微企业发展的若干意见新闻发布会.http://www.sipo.gov.cn/twzb/zscqzcxwqyfz/.
② 范周.加强公共文化服务供给 推进公共文化与科技融合[J].人文天下,2015(3):58-63.

有,如果丧失了精神实质必然走向解体与死亡。①

个体的认同感和生活方式来源于其所属的群体,而各群体的文化认同感和生活方式又根植于其所属地区的历史文化之中。②人们对历史和传统的态度构成了一定区域共同体的集体记忆,使人与人之间形成紧密的联系。一方面,非物质文化遗产为人们提供了时间感和空间感,使人们可以定位当前的生活;另一方面,非物质文化遗产使个体与社区、城市、国家联系在一起。

如果忽视对非物质文化遗产的传承,城市发展往往会陷入同质化竞争,缺少文化积淀与根基。"非遗不仅是人类文明的记忆载体、文化多样性的鲜活样本,更是当代生活的底蕴和滋养,是文化产业取之不尽的创意资源宝库。"③无论是一座城市、一个集群,还是一个园区,都要通过传承非物质文化遗产,保持一定区域内生生不息的文化创造力。非物质文化遗产的传承,是发展创意城市不可或缺的外部支持因素。

第三节 创意因子的特征

创意因子是创意主体创造的一种抽象的概念集合,也可以理解为促使创意、创新、创造效能发挥的各类微小元素。它们是文化

---

① 刘士林. 大城市发展的历史模式与当代阐释——以芒福德〈城市发展史〉为中心的建构与研究[J]. 江西社会科学,2009(8):27-35.
② 黄柯可. 美国城市史学的产生与发展[J]. 史学理论研究,1997(4):27-35.
③ 范周. 十年,非遗传承保护的新思考[J]. 人文天下,2015(16):44-46.

产业发展的初始动力,可以理解为文化创造力的萌芽状态。在政府政策、市场竞争、知识产权保护、非物质文化遗产传承等外力作用的支持与推动下,依托文化创新、文化消费、科技创新、创意环境等内部因素,创意因子促使文化园区内外的文化企业、创意阶层产生创意能量。创意因子具有原生性、创新性、流动性和融合性。

一、原生性

20世纪80年代中期,瑞典区域科学家Ake Andersson在关于城市规划的论述中使用了"创新性"(creativity),他的表述为以促进创新性和激励创新行为从而实现城市经济发展为原则,描述了斯德哥尔摩的未来。城市规划者视"创意城市"为后工业时代城市可持续发展的福音,多个城市采用以建设"创意城市"为中心的文化发展战略。学者Stephen Graham指出,并不是每个城市都能成为硅谷,不同地方的历史和制度决定了城市之间差异的存在。[1] 创意城市发展至今,城市间的差异化发展现状也印证了Stephen Graham的判断。以英国为例,爱丁堡、格拉斯哥、布拉德福德三大城市同处于"全球创意城市网络",但却向不同方向发展。爱丁堡是拥有悠久的造纸和印刷出版业历史的"文学之都",大街小巷遍布大大小小的书店和形形色色的文学巨匠们的雕像、故居。格拉斯哥是名副其实的"音乐之都",不仅孕育了苏格兰的流行音乐,还将苏格兰的风笛带向了全世界。诞生了很多伟大电影作品的布拉德福德通过设立电影学院、打造世界上最大的IMAX屏幕等方式定义了

---

[1] 章超.开放而理性:创意产业在中国的思考[J].同济大学学报(社会科学版),2008,19(1):98–106.

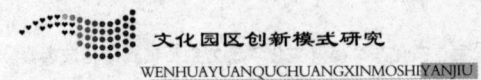

"电影之都"。融于城市当中的历史文化传统,是城市创造力的来源,是创意因子产生的土壤。

创意因子的原生性体现在两个方面。一是创意因子产生于对历史文化传统的继承和积淀。文化创造活动是人类与生俱来的能力,是人类在长期的生产劳动中进行创新、创造的活动。创意因子是在经历筛选、复制、变异、重组等过程后,逐渐被具象化、结构化、逻辑化、凝结化,成为符合大众精神文化和审美需求、与社会文化发展阶段相一致的创意能量,才能够实现从创意向创造的转变,这就是创意因子原生性的另一面——极强的植入与适应的特征。文化创意产业并不存在工业化、一致化、无差别的发展模式,把握事物在不同发展阶段的不同属性,对于发展文化创意产业、提升文化创造力具有重要的作用。

二、创新性

创新是以新思维、新观点、新发明、新描述为特征的概念化过程,是利用已有资源或要素,对旧有事物的替代与覆盖。"创新是人类特有的认识能力与实践能力,是人们主观能动性的高级表现形式,是推动民族和社会发展进步的不竭动力。"[①]美国经济学家约瑟夫·熊彼特在1912年出版的《经济发展理论》中指出:"创新是把一种新的生产要素和生产条件的'新结合'引入生产体系。"[②]这种"新结合"涵盖的范围很广,包括产品创新、生产方式创新、开辟新市场、采用新材料,控制原材料或半成品新的供应来源等方面。

---

① 黄阳.我国创意城市评价研究[D/OL].泉州:华侨大学,2012.
② 约瑟夫·熊彼特.经济发展理论[M].北京:商务印书馆,1990:73-74.

哲学认为创新是对于物质世界的再创造,是人的实践行为。创新是自我意识的发展,是人类对于实践范畴的超越,是对这个世界更广泛、更深层次的观察与思考。创新的过程会不断激发新的创意,以有效克服创新实践中的障碍。厉无畏指出,创新性是整合创意产业的一个强有力的要素,也是创意产业中最具活力且永不枯竭的资源,在文化资源配置中起着极为重要的作用。金元浦也指出,文化产业的产品最忌讳沿袭陈规俗套,在总体上必须凸显产品的特色,才能击中"人心",在市场上获得超值的效益。① 以创意产品为例,创意产品是以文化、创新为核心,运用智力、知识、技术、网络等要素,生产新的价值,是创新灵感在特定行业的一种物化表现。较传统产品而言,富有创新性的产品,一般都呈现出智能化、个性化、特色化、艺术化的特点。它们的价值并不局限于产品本身,还体现在它们所衍生出的文化附加价值。这些都是创意因子与新技术等现代资源相结合的产物。科学技术的创新扩散、文化市场的需求竞争促使新的创意成果不断出现,创意成果的个性化、差异化吸引人们进行文化消费。当这种对独特性的追求逐渐成为体现个体个性化消费的标签,被人们认同的时候,也就会促使创意成果从创新阶段向扩散阶段过渡。一定规模的工业化生产成为满足大众消费需求的必然选择,从而使更多受众产生对文化产品和服务消费的新需求,促使下一轮创新、创造活动的展开。在创意扩散的过程中,标准化、工作化生产与个性化、差异化需求的矛盾,又促使创意阶层不断地发挥创新力,产生新的创意。

---

① 金元浦.文化创意产业相关概念研究[J].中国文化产业网,http://www.cnci.gov.

三、流动性

创意因子是活跃流动的，它们自由进入社会的各个领域与行业，呈现动态且不稳定的特点。当创意因子进入农业生产，可能引起生产方式的变革、生产工具的升级，继而推动创意农业产业体系的形成。当创意因子进入工业生产，可能促使产品附加价值的提升、生产效能的提高和产业结构的升级转型。当创意因子进入科技领域，可能引发新技术应用与科技革命。在我国加快新型工业化、信息化、城镇化和农业现代化的进程中，文化创意产业与相关产业呈现交互融合的趋势。2014年3月，国务院发布《关于推进文化创意和设计服务与相关产业融合发展的若干意见》。意见指出，截至2020年，我国文化创意和设计服务与相关行业要实现全方位、深层次、宽领域的融合发展，以提升国家文化软实力和产业竞争力。创意因子在各个产业和领域的流动，是产业融合发展的前提与基础。

创意因子能够突破行业之间的壁垒，打破多个领域之间的界限，促进不同产业之间的融合发展。科技与文化创意的结合，不仅能使企业在市场中获得竞争优势，并且能催生新的文化业态。"互联网+"理念的提出，是利用互联网的平台、信息通信技术把互联网和包括传统行业在内的各行各业结合起来，从而在新领域创造一种新生态，这也是创意因子流动性、融合性的现实实践。

但创意因子具有不稳定性，易受到外界的干扰，因而真正实现创新、创造活动，不能一蹴而就。

四、融合性

融合是一种渐进式的发展,是零散的、没有规律的多个事物逐渐向同一方向演进,彼此越来越相似和接近,最后成为一体。从传统制造业到文化产业,是产业结构升级迭代的过程,更是产业从跨界走向融合的过程。这种由技术变革引发的产业边界的重新界定,促成了不同产业、不同行业的重组与整合。创意因子具有很强的适应性和可塑性,能够最大限度地与各种产业形式融合,实现产业的升级换代。

创意因子的融合性体现在文化产业向传统产业的渗透与融合。文化产业以创意为核心,其他产业都会受益于文化产业的投入,如制造业、建筑业、旅游业、信息业、医药业、娱乐业等。文化产业的发展打破了第二产业和第三产业的界限,激活了第二产业的增值潜力与创新活力,催生出"创意工业""创意农业",促进了城市创意经济的发展。传统产业的发展大多依赖于充足的土地、劳动力等资源,而文化产业的发展更依赖于知识、技术、文化等创意因子。创意因子的融合性不仅引发了文化产业与相关产业的联动效应,而且延长了产品的生命周期,提升了整个产业的附加值。

创意因子的融合性也体现在文化产业各行业间的渗透与融合。一方面,创意因子在文化产业各个行业间流动,增强了各行业之间的黏性;另一方面,创意因子的流动打破了各行业的界限,使知识、文化、智力等资源充分融合。《北京市文化创意产业分类标准》将文化产业主要分为9个大类:文化艺术,新闻出版,广播、电视、电影,软件、网络及计算机服务,广告会展,艺术品交易,设计服务,旅游、休闲娱乐,其他辅助服务。数字技术与通信技术的不断发展,突破了文化产业各行业的界限。以广播、电影、电视、报刊为例,互联网、手机等应用终端加速了创意因子的流动与融合,而这种融合又促使媒体、文化、电信各部门实现了新的分工与协作。

创意因子在文化园区内部与周边的集聚,加速了创意资源的流动、融合与发展,有利于创意氛围的形成、创意活动的展开、创意链条的整合与创新,对增强整个城市的包容度、融合度、创新活力都具有重要作用。

第四章 文化园区提升文化创造力创新模式的运作机制

创意阶层是文化创新的出发点与归宿，是文化创新、文化消费、科技创新、环境营造的行为主体。创意因子是以创意阶层为实现主体的各类创意思想、灵感、理念等无形创意资源。高质量的文化创新、不断增长的文化消费需求、快速发展的科学技术、适宜的

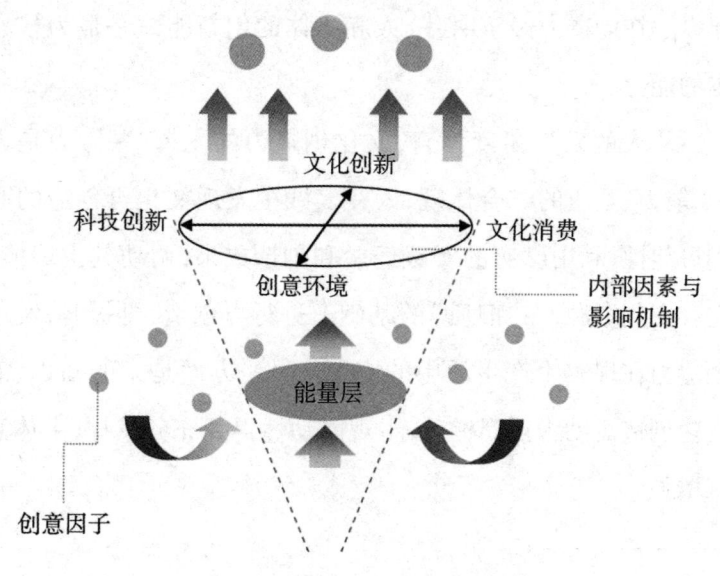

图 4-1　文化园区创新模式的运作机制

社会文化环境,促进了创意因子的流动与更新,提升了城市的文化创造力。政府行为、市场竞争、社会网络、知识产权保护、非物质文化遗产传承等外部因素与内部因素相互影响、相互作用,提升了文化创造力的集聚与外溢效应(如图4-1)。

第一节 创意阶层

文化创造力与人紧密相连,人是文化创造的主体,更是文化创造力的核心。[①] 人的素质对个人职业生涯、组织经营、潜力开发及各个层次的教育,都具有现实意义。就个人和团体发展而言,素质的提高主要包括学习能力、竞争能力、适应能力、创新能力等能力建设。在创造力经济时代,人和团体的创新能力是最为核心和根本的能力。

从人的发展角度而言,文化创造力的发挥,一方面是人的知识、能力、素质的综合体现,人在实践中发现文化再创造的必要性和可能性,利用已有的实践经验和创造成果,调动其主观能动性、整合文化资源,在"旧质"的基础上进行再创造、再提升,实现文化创造力在现实生产生活中的应用。另一方面是人的知识、能力在文化创造活动中得到提升,主观能动性得到充分发挥,主体意识得到增强。

---

① 杜刚,邢巨娟.文化创造力:当今中国文化变革与发展的重要依据[J].河北经贸大学学报(综合版),2012(1):103-105.

当今,社会发展比任何一个时代都更加依赖观念的创新、扩散和应用。比尔·盖茨说:"我们从没改变的最重要的事情是我们雇佣聪明的人。可以说,在21世纪这个知识驾驭物质、人比钱更重要的世纪,人的作用,特别是知识精英的作用往往比任何时候都大。一个有创造力的知识精英,其所创造的价值远远胜过许多一般性劳动的总和。"①如今,越来越多的人进入文化产业,在工作中发挥自身的文化创造力。城市中更多的人以多种形式参与文化创造活动,从而吸引更多的创意人才进入城市,参与城市的再创造。人们的文化创造能力、创造性行为和思想,影响城市的发展方向,推动着创意经济的发展。

文化园区集聚了大量的创新、创业人才,他们都希望营造具有挑战性和创造性的文化氛围。每一个成员都认同挑战、风险和创造力的积极意义,并以企业家精神为导向,勇于尝试变革和积极面对挑战,激发自身潜力。他们更加享受创新所带来的压力与挑战,乐于做出更为积极和迅速的反应,激发其内在的文化创造力。根据知识治理理论,企业通过积极而有效的制度创新,能够引导、促进并组织、协调其内部的知识创造过程,有助于企业员工在新产品研发阶段产生更多新颖、创新性的想法,发挥文化创造力,提升产品创新更迭效率。根据期望理论及人才发展心理可知,文化园区创业人才希望通过努力,对企业、园区发展做出贡献,从而得到相应的物质回报与职业发展。文化园区精神、物质、行为、制度等方面的创新,有利于园区企业整合、利用外部文化资源,提升文化创

---

① 王有溎,葛和平.基于人的创新能力 谈创造力经济[J].市场周刊(理论研究),2006(3):111-112.

造力的集聚与外溢效应。

　　人的需要是一切活动的根本目的。社会学、心理学、经济学等不同学科都从不同角度,对"需要"这一概念进行了界定。从一般范畴而言,它可以扩展到整个生物界,但作为特殊范畴,它一般专指人的需求,是人对自身生存和发展的外界条件的依赖性和渴求状态。从实质和内容而言,人的需要主要分为物质需要和精神需要两个部分,既包括人们对物质生活资料的依赖,也包括人们享受文化艺术成果、追求知识、崇尚美德、接受教育等。消费本身根植于主体的实践需要,主体在消费过程中,总是根据自身的需要选择消费对象。在众多客观事物中能满足主体需要的就成为消费对象,需要的多样性也决定了消费的多样性,消费在本质上也是一种创造多样性的活动。伴随实践的发展,人们的消费需求也在不断增长。为了不断提高自身的认知和实践能力,人们不断创造出越来越丰富的物质产品和精神产品,而这个过程就是不断激发和提升文化创造力的过程。

　　文化环境对人才创造力的培养具有积极意义。美国创造学家阿瑞提在研究科学天才出现的地域和时期分布不均衡现象之后,认为人才创造力的发挥与环境因素息息相关,适宜的社会文化环境能极大地提升文化创造力。① 美国社会学家 Necka 认为,人才创造力的发挥,是内部因素(人的智力、动机、人格等)和有利的外部环境之间相互作用的结果,没有培养创造性的环境,无法培养人才的创造动机和创新思维,而没有创造动机和创造思维,无法产生创造活动,文化创造也无法实现。美国创造学家罗伯特·斯腾伯格

---

① 阿瑞提.创造的秘密[M].钱岗南,译.沈阳:辽宁人民出版社,1987:399.

(Robert J. Sternberg)通过创造力投资理论,指出人才创造力是动机、知识、思维、智力、人格和环境的复合,如果没有环境的支持,创造力则无法产生。

文化园区利用信息平台和数据库来管理各种服务功能。科学技术可以加强各生产要素之间的联系,增强人的创新能力、跨学科发展的能力。公共服务平台具有快捷存储和搜索信息的优势,可以为创意阶层提供有针对性的信息,极大地提升了创意阶层的文化创造力。公共服务平台增强了园区各组织之间的合作,提升了个人的创新能力,从而提升了整个园区的文化创造力。

文化园区集聚了大量的创意人才,创意人才是文化创造力发挥的行为主体。一方面,我们可以从创意人才个体的认知、经验、素养等方面进行分析;另一方面,我们可以从创意人才的社会性出发,将之与文化创新、文化消费、科技创新和创意环境等联系起来进行思考。

第二节　文化园区创新模式的集聚系统与运作机制

与文化园区相关联的内部要素、支持外力与文化创造力"能量层",共同构成了文化园区创新模式的集聚系统。内部四要素之间相互影响、相互作用,支持外力在创意环境、创意资源的影响下形成合力,内外部因素共同作用于"能量层",借助于创意因子的流动性与融合性,实现文化园区创新"能量层"集聚效应的发挥。

一、内部因素影响机制

随着文化园区的发展,最初集聚起来的创意因子开始受外部规模经济以及市场竞争的影响,在文化创新、文化消费、科技创新、创意环境等内部因素的作用下,开始彼此碰撞、相互融合,并在动态发展的过程中逐渐形成文化创造力。创意因子所形成的文化创造力也表现出不同的发展特点,在产业链上有着不同的分工,发挥着联动效应,进一步完善和整合了产业链条。这是文化园区依托创新、消费、科技、环境等因素搭建创新平台,形成共享机制,形成制约力与影响力的过程。文化创新、文化消费、科技创新、创意环境等内部因素互相影响、互相作用,这种影响作用既包括各内部因素对文化创造力"能量层"所产生的直接影响,也包括诸因素之间协调与制约关系对文化创造力"能量层"所产生的间接影响。而这种间接影响往往具有隐蔽性、不平衡性、复杂性,更容易被忽略。因此,各内部因素之间的相互作用,是文化创造力"能量层"扩大和增强的关键(如图4-2)。

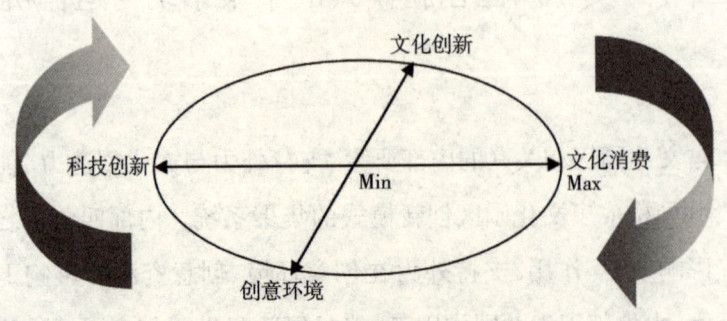

图4-2 文化园区创新模式的内部因素影响机制

(一)文化创新的实现机制

1. 文化消费影响文化创新的方向

文化产业本质上是一种精神生产,其产品和服务是以物质产品为载体的精神产品和服务。文化消费是对精神文化产品和服务的欣赏、使用的过程,以满足人们日益增长的精神文化生活需要为最终目的。文化消费需求的增长总是受制于社会生产力发展水平,文化消费水平能更直接、更突出地反映现代物质文明和精神文明的发展程度。① 文化消费是一种文化体验和情感享受,是对社会关系、地位、自身发展的追求,受文化观念、价值取向、消费观念的支配与影响。目前,消费者越来越注重休闲、娱乐过程中情感体验的满足以及自身的参与程度。文化园区应通过物质创新、行为创新来不断丰富文化消费体验,满足消费者深层次的精神追求。

2. 科技创新提升文化创新的价值

科学技术的发展受一定历史时期的价值观念、思维方式、社会制度的影响与制约。在知识经济时代,自主创新能力已逐步成为国家竞争力的核心,科技创新与文化创新也成为促进文化产业发展的重要途径。对于文化产业而言,采用高新技术已成为其实现可持续发展的必然选择。互联网的发展带来了划时代的信息传输革命,人们拥有的信息量快速增加、更新。科学技术可以提升文化产品乃至文化园区的创新价值。

---

① 杨晓光.文化消费对中国文化发展的影响[D/OL].长春:吉林大学,2006.

3. 创意环境提供文化创新的条件

文化环境为文化创造力的产生,提供了必要的环境和氛围。一定区域内的文化环境是特定历史时期生产方式、生活方式的集中体现,总是与特定的文化精神、物质、行为、制度等文化创新要素密切相关。李春华指出文化创新实际上是一个文化自觉的过程,文化创新的过程既是人们对自身文化认识、了解以及反省的过程,也是对外来文化形成客观、清晰的认识的过程。[①] 文化园区内的公共文化基础设施既为园区内的文化企业和创意工作者提供了创意产品的展示空间,又为周边民众创造了认识自身文化和了解其他多元文化的空间。人们不仅获得了审美愉悦,同时在文化自省和反思中,突破原有的思想桎梏,从而推动了精神、物质、行为和制度文化创新。

(二)文化消费的助推机制

1. 文化创新增强消费者的认同感与归属感

文化园区以消费者的需求为导向,通过具体的产品创新、服务创新、理念创新、技术创新等,既推动了精神、物质、行为、制度方面的文化创新,又促进了文化创造力的提升。文化园区的文化创新有利于文化企业和创意阶层根据大众的消费需求,设计满足消费者需求的文化产品,拉近文化园区生产者与消费者之间的距离。文化园区通过连接线上线下的"弱关系"资源,连接各个相对独立的文化创造主体、文化消费者,使他们突破物理空间和社会关系的局限,形成新的社群,展开文化创造活动、增加认同感和归属感。

---

① 李春华.文化的先进性及其"尺度"问题探析[J].贵州社会科学,2015(11):69-74.

2.科技创新产生新的生产方式与消费方式

文化园区服务平台的建立与运营,构建了新的生产方式与消费方式,在培育新的文化消费群体的同时,也推动了传统文化产业的迭代升级。数字技术、新媒体、互联网等技术的不断升级,促使传统产业向创意产业、内容产业转型,创造新的文化产业经济增长点。新媒体、互联网+、智能通信、视听穿戴设备、激光技术、3D打印技术等高新科技,加速了一系列产业快速的迭代更新,产生了全新的文化产品,推动了时代的进步。

3.消费环境影响消费质量与水平

尹世杰认为,消费环境是对消费者有一定影响的、外在的、客观的制约因素,主要包括消费的自然环境和社会环境。文化环境是由历史传统、价值观念、宗教信仰、风俗习惯、生活观念等意识形态因素所构成的发展环境。消费需求的多样性、体验性、复杂性为园区文化创新营造了良好的氛围。文化园区的基础设施环境主要涉及交通、住宿、餐饮等,直接关系文化消费者体验的质量和消费水平。文博会、音乐节、动漫节、会展等,可以极大地促进当地居民、游客的文化消费。营造浓厚的文化氛围和良好舒适的购物环境,对提升消费者的体验质量和促进消费具有积极作用。

(三)科技创新的发展机制

1.文化创新追求促进科技创新

文化园区内的文化企业和创意阶层总是处在创新和创造的状态。文化园区公共服务平台的建设、运营、维护和升级依托于互联网信息技术的支持,同时,公共服务平台上产生的庞大数据对数据存储和分析计算有更高的要求,从而促进科学技术的不断进步。追求创新的文化园区氛围、对高新技术的现实需求,则会促使新一轮科技革命的产生。

2. 文化消费需求促进科技创新

只有满足日益增长的文化需求,创意阶层的文化创造力才能得到肯定。创意是当代创意经济中最为重要的无形资本,是创意经济中企业利润的最大来源,是科技不断进步的核心力量。一方面,文化园区通过大众媒介、人际传播等方式推动文化产品和服务"走出去",不仅能够将最先进的思想、观念传递给更多人,还能够吸纳更多有创造力的人才进入文化园区,实现创意人才的不断集聚。另一方面,文化园区内形式多样的公共文化基础设施有利于园区内的创意人才展示富有创造性的文化产品和服务,有利于提升创意人才的创新力。

3. 创意环境促进科学技术应用

文化产业是一个涉及多个领域的创新产业。和文化产业相近的业务和工作性质,产生了对基础技术试验、制作、测试、验证的需求共性。以工业产品设计、视觉平面设计、动漫游戏设计为例,需要的基础技术包括三维原型制作、逆向工程分析、体验设计实验、快速无版印刷、动作捕捉、模具制作、色彩分析等。以上相关设备成本较高,且技术设备利用率相对较低,因此,文化园区中小微企业对基础技术共享平台的需求极高。

(四)创意环境的形成机制

1. 文化创新营造创意环境

创意阶层具有鲜明的文化特质,他们富有激情、敢于冒险、追求个性,对生活环境和生活品质有较高的要求。他们被文化园区的创意环境所吸引,进驻后又能够影响并增强园区的创意氛围,赋予特定区域新的活力与创造力,改善区域的生态环境和生活氛围。

兰德利指出,能够源源不断创造出新产品、新技术、新制度的区域一定兼具软件和硬件基础设施,是一种综合的文化共享空间。[①] 物质文化层面的创新为文化创造主体提供了便捷的知识、信息获取方式和渠道,孵化器、公共服务平台为文化产业创业者提供了场地、技术、管理等全方位的创业服务。行为文化层面的创新体现在一系列推动促进文化园区企业、创意阶层进行创新、创造的活动,如企业家的创业经验分享、文化产品展示、项目路演等,可以增强文化园区的创意氛围。

2. 文化消费促进文化园区建设

根据消费的内容来划分,文化消费可以分为文化产品消费和文化服务消费两大类。无论是哪种文化消费形式,都要求文化园区提供相应的空间场所,如展览馆、展演中心。在环境设计上,文化园区需要充分考虑公共文化基础设施建设的多样和完善。

文化消费具有多层次性,与人们的兴趣爱好、审美品位、生活

---

① 于霞.从创意环境谈我国创意阶层的形成[J].广东省社会主义学院学报,2010(4):32-37.

方式和价值取向紧密相关,反映了不同的文化需求。文化园区内多元化的文化产品和服务,需要适应不同消费者的不同消费层次和消费需求。文化园区能够集聚具有相似或共同的兴趣爱好、审美品位、生活方式和价值取向的人,从而有助于营造开放、宽容和创新的创意环境和氛围。

3. 科技创新营造线上创意环境

科学技术改变了人们获取信息和知识的渠道和方式,提高了知识信息生产、获得、使用、扩散的效率。2016年1月22日,中国互联网络信息中心(CNNIC)发布《第37次中国互联网络发展状况统计报告》指出,截至2015年12月,我国网民规模达到6.88亿,互联网普及率达到50.3%,我国手机网民规模达6.20亿,有90.1%的网民通过手机上网。移动社交平台的普及使创意阶层线上的交流更为频繁,因此文化园区更需要关注线上创意环境的营造。

云计算解决了移动通信、社交媒体等产生的大量非结构数据的存储和分析计算的问题,改变了人们分析、使用信息的方式,改变了人们思考问题的方式。云计算的大数据能够提供更为精准的信息,从而满足文化企业和创意阶层的需求,营造线上共享、开放、包容的创意环境。

总之,文化创新、文化消费、科技创新、创意环境四个内部因素之间的共同作用,有利于各个因素良性发展,进而有利于扩大和提升文化创造力"能量层"。从现实层面来说,内部因素是文化园区建设发展的着力点,可以促使文化创造力发挥最大效能;从理论层面来说,创新模式的内部因素为创意城市视角下文化园区的研究赋予了新的内涵,文化园区的创新模式也是实现文化创造力发挥最大效能的有效途径,将进一步消解文化园区的地理空间与区域的界限,借助文化创造力的集聚和外溢效应提高资源利用率,形成创新化、体系化的发展趋势。文化园区创新模式的内部因素可以提升文化园区的创新效率,最大限度地发挥文化创造力的集聚与外溢效应。

二、支持外力助推机制

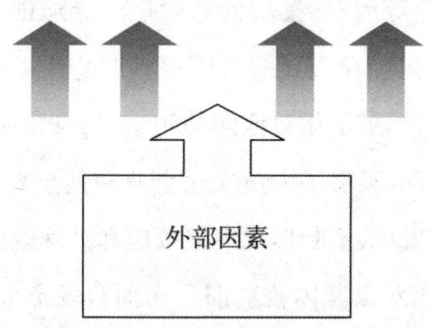

图4-3　文化园区创新模式的支持外力助推机制

目前,文化园区依托周边高校、科研院所、展览中心、设计中心等文化组织或机构发展而来。"政府不仅为文化园区的发展提供了最初的制度安排,而且还通过政府公众力强力推动和规范创意产业发展的市场环境。"[①]佛罗里达认为,创意阶层包括两种类型成员,一是艺术家、演员、大学教授、工程师、科学家、设计师、建筑师等核心创意群体,二是现代社会的思想先锋群体,如智囊机构成员、作家、分析家等舆论制造者。创意阶层在追求利润之外,更看

---

① 杨英杰.创意产业园区的创新系统分析及其治理研究[D/OL].贵州:贵州财经大学,2013.

重创意产生和发展的生态环境。政府部门为了促进地方经济、文化产业的大力发展、增强文化园区的吸引力,不断营造宽松的政策环境,使生活在城市中的创意阶层不断向文化园区集聚,并由此带来了知识、信息等创意资源的流动。政府的推动使创意阶层更多地向适合其发展特性的创意空间集聚,形成文化园区最初的基础。

也有一部分市场主导型的文化园区,是以市场为导向自发形成和发展起来的。这类文化园区主要通过地方文化特色、创意人才资源、低价租金等因素,集聚创意阶层。伴随创意城市的发展,大量经过改造的闲置和废弃的旧厂房和旧仓库,不仅积聚了丰富的文化底蕴,而且提供了相对低廉的租金,为文化园区的发展提供了最初的物质基础,吸引了大量文化企业和创意人才的集聚,进而带动相关产业的发展,不断形成集聚效应和品牌效应。如北京798艺术区,就是由艺术家群体改造旧厂房而自发形成文化园区的典型案例。随着文化园区的发展,市场竞争加剧,其核心竞争力是创意。"知识经济的最大特征在于将知识、信息视为最重要的生产资料,把人创造知识的能力和运用知识的技能视为推动经济的最重要因素。"①文化市场的竞争加速了文化资源的流动与更新,使各类创意因子向着有利于文化创造力集聚的区域流动。

随着信息网络、多媒体技术的应用与发展,城市、社会的发展趋向网络化与融合化。互联网逐渐成为文化园区内研发者、生产者、销售者展现创意的重要平台。整个社会网络所形成的大众驱动力,将有效地促进创意因子的流动,促进文化产业的融合发展。

---

① 杨先艺,张弘韬.知识经济时代设计创意的属性与价值研究[J].创意与设计,2012(5):40-43.

文化园区良好的基础设施、公共服务平台、服务保障体系,尤其是知识产权保护体系,对创意因子的集聚至关重要。良好的制度环境有利于规范创意主体的生产运营行为,增强创意主体创造、创新的积极性,使文化园区具有吸引各方资金投入、集聚创意阶层、构建文化智库的优势。

对非物质文化遗产的传承,是对地方特色文化的延续。不同的文化会吸引不同类型的创意主体与文化企业,充分挖掘和利用这些文化资源,则会形成新的文化继承。非物质文化遗产为创意产品的开发,提供了丰富的素材和内容。在文化园区创新、包容的创意环境下,多元文化丰富和拓展了创意产品的文化内涵与功能,集聚了原生性、创新性、流动性和融合性的创意因子。

三、"能量层"的黏性与自增强机制

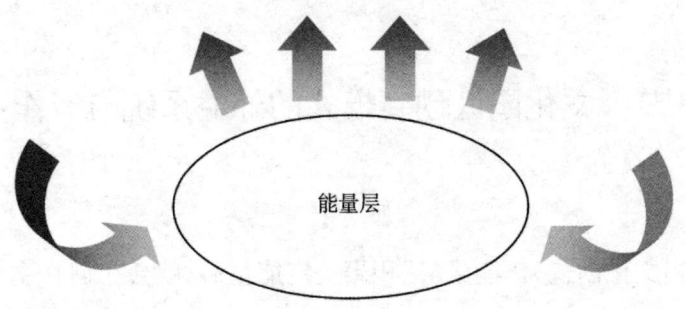

图 4-4　文化园区创新模式的"能量层"的黏性与自增强机制

在文化园区的创新模式中,文化创造力可以理解为由多个创意因子经过集聚、裂变、重组,发展到一定阶段所形成的一种创新、创造、创意的虚拟力。文化创造力不断提升的过程,也是创意因子不断加入、裂变、发生作用的过程。文化园区是由众多中小微企业、中介组织、研究机构等组成的网络体系,是众多创新理念、创新产品、创新技术、创新品牌诞生的创意场所。新理念、新产品、新技术、新品牌通过文化园区的网络进行传播。

"能量层"创新能量的增强,可以有效推动文化园区创新行为的产生。同时,"能量层"集聚起来的大量创意因子以及由其演化、发展、裂变而形成的文化创造力,在文化园区的创新系统中发挥黏性效应。只要创新网络中的某一个环节产生创新,就会发挥乘数效应,极大地增强创新的效率。创新效率的乘数效应,不仅推动了创新成果的市场应用、增强了创新经济的规模效应,而且推动了文化园区文化创造力的形成与发展。

文化创造力"能量层"的自我增强,加快了文化园区创新的速度,拓展了文化园区产业链条的宽度与广度,由此形成由资源共享、成本递减带来的边际效益递增和文化园区创新经济的可持续发展。

第三节 文化园区创新模式的外溢系统与运作机制

当文化创造力"能量层"积聚一定能量后,就会在创新主体、组织的作用下,实现文化创造力的外溢效应。文化园区创新模式的外溢是创意主体通过灵感、理念、感受、经验等各种知识、智力资源,实现文化创造力的修正、重构、融合、扩散等外溢效应,最终实现价值增值的过程。文化创造力的外溢作用又会反作用于创新模式,实现文化园区创新模式集聚系统、运作机制的有效循环。

一、驱动机制

文化创造力能够以不同的形态和方式在创意主体、组织之间形成外溢,其主要决定力量来自于创意主体的动力。从宏观层面而言,这种动力表现为主体的创新意识、市场需求以及对经济效益的追求。除此之外还有政治、经济、社会、文化环境等的影响与推动,可集中归纳为政府政策和市场竞争。具体到文化园区产业链运作的微观系统、文化创造力外溢的不同阶段,产业链上不同类型创意主体的动力要素也呈现出差异性。

一般而言,创意研发阶段是整个创意产品实现产业化的核心阶段,凝聚了创意研发主体的文化创造力,具有突出的创新特质。文化产品和服务只有进入市场流通,被消费者认可和接受,才能实现使用价值和文化附加值。在这一阶段,创意研发主体的推动力主要表现在两个方面,一是对凝结了文化创造力的使用价值的追求,二是对凝结了文化创造力的文化附加值的追求。

创意生产阶段是整个产业链的中游环节,创意生产主体推动力的大小直接影响着文化产品和服务能否顺利进入市场销售环节。这一阶段对文化创造力的外溢具有双重作用。市场的竞争压力、消费者的精神文化消费需求、创意生产主体的驱动作用,使文化创造力在这一阶段产生外溢。

创意营销阶段不仅面对上中游的创意主体,而且面对文化市场创意成果的扩散方。创意营销主体一方面被高额利润驱动,将创意成果投入市场,实现文化创造力的外溢;另一方面通过创意成果的外溢,实现一定的社会价值。这种对社会价值的追求使文化园区创新主体与城市管理者之间产生互动,城市管理者从文化园区创新主体那里获得解决城市发展问题的理念、方式,文化园区创新主体也可以参与城市建设,解决城市问题,实现更大的社会价值。因此,对社会价值的追求,也是文化创造力外溢的动力之一。

消费者是文化市场上创意成果的使用主体,也是衡量文化创造力外溢效应的重要标尺。随着消费者精神文化需求的增长,他们对文化创造力外溢的需求也就越高。文化园区产业链条上各个创意主体相互作用、相互影响、彼此联系,通过创新成果的研发、生产、销售、消费,形成文化创造力外溢的动力机制,促使文化创造力实现有效的传播与外溢。

二、分工协作机制

在一定程度上,文化园区文化创造力的外溢得益于文化园区文化企业的分工协作机制。分工和专业化提高了创新效率。分工协作促进了文化企业、创意阶层之间的合作,降低了文化创造力外溢的成本,加速了文化创造力外溢的进程,拓展了文化创造力外溢的范围。这种分工协作机制形成了文化园区创新—交流—合作—外溢—创新的循环系统。

文化创造力的外溢是一个开放而复杂的系统过程,通过专业化的分工与协作,才能在与外界进行资源交换的过程中,实现文化创造力外溢效应的最大化。这种分工协作不仅存在于系统内部,而且存在于各系统之间、系统与生态环境之间。可以通过系统要素之间的相互作用、相互影响来形成分工协作效应,获得文化创造力外溢的速度优势和质量优势。以文化创造力外溢的各个阶段为例,分工协作机制如图4-5所示。

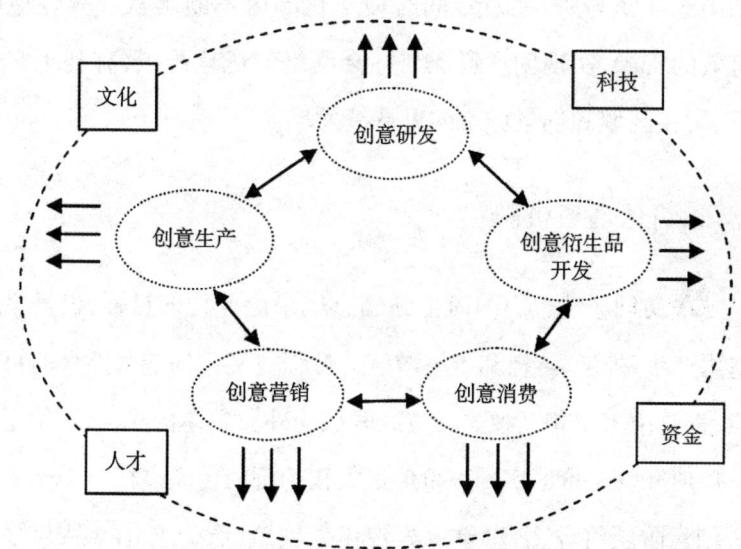

图4-5 文化园区创新模式外溢系统与运作机制的分工协作机制

注:　◯　系统内部的分工协作机制

　　　↔　系统之间的分工协作机制

　　　◯　系统与生态环境之间的分工协作机制

各个部门之间通过合理分工,充分利用人力、物力等资源,在文化园区现有发展方向、科技发展水平、文化消费需求等基础上加速创新。借助完整的产业链条,存在于各个创意系统之间的分工协作机制,加速了资源的流动与优化。在创意产品研发、生产、营销、消费、衍生品开发等阶段,创意主体通过合理分工与协作,形成资源优势互补,促进信息传播,加速文化创造力在各个系统之间的外溢。文化园区的发展离不开创新环境,文化创造力的外溢也离不开文化园区的生态环境。文化园区与外界环境之间的协同发展,能够进一步弱化和消解文化园区的物理边界,实现知识、信息、技术等文化资源的共享。这种交互过程将文化园区的创新成果传输到周边社区与所在城市,同时使文化园区不断地从外界环境吸纳有效的资源,实现创意资源与社会网络的优化配置,有利于文化园区、所在区域和创意城市的可持续发展。

三、价值增值机制

从最初创新性想法的诞生到创意成果产业化的过程,也是文化创造力产生、外溢、传播和价值增值的过程。文化创造力外溢的每个阶段,都是由多个相互独立又彼此联系的外溢主体构成,形成价值创造—价值开发—价值实现—价值最大化的价值传递过程。

创意阶层将灵感、想象力等转化为创意,产生文化产品与服务等创意成果,获得最终的创意价值,实现文化创造力的外溢。文化创造力作为一种文化力、科技力、创新力、创造力,是创意产品能够实现价值增值的关键。创意产品价值增值的实现过程是文化创造力外溢的直观体现,文化创造力外溢的多少程度决定着创意产品价值增值的。文化创造力外溢所带来的价值增值,主要体现在内在的核心价值的增值和外在的产品、服务的物化增值。一是以文化产业价值链为基础,通过创意产品的研发、生产、销售、消费等环节,在不同创意主体、文化组织、社会团体之间进行文化创造力的传播和外溢,实现创意生产和消费之间的平衡,最终实现文化创造力内在的价值增值。二是各主体、组织之间通过交流,将文化创造力的创新价值延伸到相关行业和产业中。其结果就是在文化创造力不断外溢的过程中,实现了创意的价值增值。

文化创造力产生的创意元素进入传统产业中,使传统产业实现升级。文化创造力产生的文化产业附加值变革了城市的产业结构与生产方式,提升了城市创新活力,对发展创意经济、打造创意城市具有重要意义。

第四节 创意因子的运作机制

创意因子由创意主体产生,具有原发性、创新性、流动性、融合性。创意因子通过选择、复制、变异、重组机制,加速创新速度、提升创新活力,实现文化创造力的集聚与外溢效应。

一、选择机制

在发展的过程中,文化园区逐渐形成了多样化的系统特征。系统内外组织在与环境相互作用的过程中,逐渐形成符合发展需求的特征。而在这一过程中,"外界环境由于总体生态和内部种群的行为而不断改变,内部种群也通过不断的交流和优胜劣汰的过程,通过自身的演化完成对外界环境的适应和改变,从无序逐渐走向有序"。[①] 创意因子具有流动性与融合性,会随着文化创新、文化消费、科技创新等内外部因素的作用,形成新的创意能量。文化园区的发展特性和功能,也对创意因子进行着优胜劣汰的选择。与文化园区发展方向、内外部环境、产业结构等要素相一致的创意因子,优先聚集在文化园区的"能量层",形成最初的创意能量聚集,即文化创造力形成的萌芽状态。

---

① 张白玉.创意产业园区组织生态研究[D/OL].北京:北京邮电大学,2010.

二、复制机制

复制机制是创意因子从小变大、从弱到强的基础,是实现创意种群特征、功能在子代之间稳定、有序传递的前提。在文化园区创意"能量层"上,复制机制主要表现为"作为创意生态核心的种群将其特征性状不断传递给系统的新进入者,而这种复制伴随的往往不只是简单的传递,还可能会带来扩散和强化的作用"。[①] 伴随科技的创新与信息网络的快速发展,创意因子表现出一定的优先性、间接性和关键性,以此提升创意"能量层"的竞争优势与实力。创意因子的复制机制所带来的创意"能量"的增强,也是整个"能量层"存在和发展的基本条件。经过筛选和过滤的创意因子,具有较强的原生性、创新性、流动性与融合性特征,且知识性、智力性较为突出。要想更好地发挥创意"能量层"中创意因子的复制机制,就要认识和把握创意因子的内涵、功能和作用形式,选择灵感、理念、思维方式等创意核心内容作为复制的基础,避免过分商业化,选择合适的载体来实现创意遗传基因的复制、表达和外化过程,保证复制功能的最大化。

三、变异机制

文化园区的创意因子在经过选择和复制之后,其内在生态系统得以创新发展的主要原因是基于遗传基因的变异。这种变异主要是通过遗传基因本身所携带的遗传信息的改变而引起的系统形

---

① 张白玉.创意产业园区组织生态研究[D/OL].北京:北京邮电大学,2010.

态特征的变化。从微观角度而言,这种遗传基因的变异也可以理解为生物学中常见的基因突变,具有不确定性和不稳定性。伴随文化园区地理空间位置、发展战略、产业结构等各类要素的变化,创意因子内部组织系统种群的基本环境和与外界的交换机制也会相应地发生改变,其遗传基因变异的倾向性也会有所不同。适应环境和资源的变化,并做出合理改变的种群,有可能促进整个创意系统的进化和发展,提高文化园区"能量层"的创新力。也有一些新的种群基于变异作用,在创新生态系统中找到了生存空间,从而有可能使整个生态系统产生根本性的改变。无法与现实环境融合、有效利用资源的种群,也有可能带来内部组织结构的错位与分裂,导致组织的衰退与解体。在长期发展过程中,文化园区的环境生态系统不是一成不变的。基于创意因子本身能量等级的不同以及对周边资源吸引力大小的差异,创意因子的进化或退化过程可以发生在产业集群创新生态系统变异过程中的各个阶段。创意因子生态系统的变异是一种动态演化过程,其变异效果也不是即时产生的,需要一定时间和空间的积累,才能形成新的基因特征,表现出一定的创造力,作用于文化园区的创新发展。

四、重组机制

创意因子的重组机制是基于变异机制的另一种遗传基因变异体现。与纯粹的基因遗传信息改变不同,这种基因重组主要是遗传基因排列顺序和组合方式的改变,是一种变化相对较小的概念上的变异,在短时间内对于创意生态系统的破坏作用较弱。创意因子的重组机制可以引起文化园区的性质、形态、种类变化,实现文化园区生态系统的突变式演化、跨越式发展、优化式生存。创意因子借助文化园区生态系统外部环境的变化,引发生存环境的变动性和复杂性,失去原有的稳定性与平衡性。创意因子的重组较变异而言,外部性特征更为明显。可以是不同性质、类型的创意因子生态系统之间的自然集聚,生成新的生态系统,也可以是系统内部原因所引发的基因突变带来的基因重组,当然,也有外部环境突变带来的种群自身遗传基因特性的急剧性变化。无论是哪种方式的基因重组,都会对文化园区创新能量等级产生影响,发挥或促进、或减弱的作用。创意因子的重组不是一步到位的,它往往表现为一种对生态系统环境的探寻式适应。有时候,系统内部的多次重组都是可能发生的,优良的重组不仅可以增强创意因子生态系统的适应能力和应变能力,而且可以提高整个文化园区的创新能力和竞争能力。而失败的重组往往会造成创意种群的退出,在创意因子的新陈代谢中实现新一轮的循环。

第五章 文化园区提升文化创造力创新模式的实证研究

文化园区基于文化创造力的集聚与外溢构建起来的创新模式，对推进文化园区创新发展、增强创意城市创新活力都具有重要意义。文化园区创新模式的落地应用是验证其模式的重要手段和方式。本章通过典型实证案例对文化园区的集聚与外溢机制进行论证，以"能量层"检验文化园区的发展现状与问题，并在此基础上为文化园区的发展提供了可行性建议。

第一节 实证研究的案例选择与分析

本节从文化创造力集聚与外溢的途径入手，将文化园区分为实体文化园区与虚拟文化园区，并选取加拿大不列颠哥伦比亚省（British Columbia, BC）动画产业园、尚8文化园区、科技寺、猪八戒网O2O孵化园、德必创业平台等典型案例，对文化园区创新模式进行了实证研究,旨在说明创新模式的创新性、适应性、合理性与规律性。

一、案例选择与分析方法

创意城市视角下的文化园区不仅仅是文化企业为获得外部规模经济而形成的产业集群,如本书所论,从根本上说,它是文化创造力有效发挥集聚与外溢效应的聚合体系。文化园区在地理空间上实现了文化创造力的集聚,同时它又依托互联网技术,打破空间和时间的限制,实现文化园区之间以及文化园区与城市其他空间的资源共享,促进文化创造力的发挥,提供更多具有创造性、可持续性的城市发展方案,将城市从单纯依靠空间发展的局限中解放出来。无论是以文化产品和服务生产为主的文化园区,还是以文化消费和体验为主的文化园区,无论是依托于工业遗产资源建立的文化园区,还是依托当地历史文化资源建立的文化园区,依照传统的产业集群的经济学、地理学知识对文化园区进行分类的方法,并不能切合本书的研究视角和内在逻辑,不能反映出文化园区是文化创造力集聚与外溢效应的本质特征。文化园区创新模式的选择,应从如何最大限度地发挥文化园区文化创造力的集聚与外溢效应出发。我们可以根据文化创造力形成集聚、扩散外溢的途径,对文化园区进行分类。一种类型是文化创造力在实体空间里形成集聚并产生辐射、扩散和外溢,可以将其归为实体文化园区。另一种类型是运用互联网技术在虚拟空间形成文化创造力的集聚和外溢效应,可以将其归为虚拟文化园区。由于其没有明确的地理空间区域或边界范围,也可称其为无边界园区。其核心是通过构建知识、信息、技术、资源共享的公共服务平台,超越空间的限制来形成文化创造力的外溢效应,进而引发新一轮的集聚效应。

目前大多是以实体文化园区为主、辅以公共服务平台的模式,如强调实体空间引驻文化企业、创意阶层的规模、知名度等。虚拟公共服务平台则强调早期孵化、中期推进的产业发展阶段,或按照文化产业行业划分类型和服务内容。我们并没有看到完全通过虚拟文化园区形成文化创造力集聚和外溢的现实案例。因此,本书构建了文化园区案例选择的维度坐标(如图5-1),将实体文化园区与虚拟文化园区分别置于坐标轴横纵坐标。越向两端,表示其越突出坐标项特征。该坐标轴可分为四个象限,依次为均不理想的实体文化园区和虚拟文化园区、理想的实体文化园区和不理想的虚拟文化园区、理想的虚拟文化园区和不理想的实体文化园区、理想的实体文化园区和虚拟文化园区。为了验证文化园区创新模式的客观性、适应性、科学性和合理性,本书选取了分别位于坐标

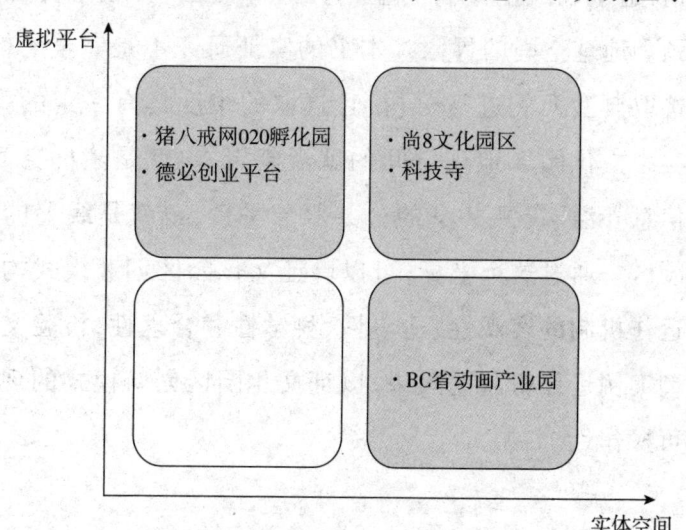

图5-1 文化园区案例选择的维度坐标

轴中三个较为理想的象限进行讨论,选取了五个具备典型特征的文化园区案例进行分析。

选取的五个文化园区分别为加拿大 BC 省动画产业园、尚 8 文化园区、科技寺、猪八戒网 O2O 孵化园、德必创业平台。这五个文化园区在发展模式上各有侧重,如加拿大 BC 省动画产业园的高速发展与当地政府给予的政策支持、当地社会网络提供的便利关系密切相关。尚 8 文化园区在北京、天津实现了连锁发展,其在创意环境营造、创意资源整合、公共服务平台建设、生活方式和价值观输出等方面都具有较高的借鉴价值。科技寺是专注于服务科技类、传媒类小微文化企业的联合办公空间,在其提供的多项创业服务中,新三板服务中心备受关注。猪八戒网和德必创业平台率先推出线上平台,并借助其线上资源向线下发展,实现了知识和信息的扩散共享、文化创造力的高度外溢,打造了以线上平台为主的无边界园区,突破了资源限制的瓶颈和地理空间的界限。本书的实证研究不是完全的检验,而是选取典型案例进行分析,且选取的维度具有一定的弹性,从现实中文化园区地理空间的就近集聚,也就是集群空间,到知识信息外溢、资源共享的公共服务平台,也就是线上的虚拟文化园区。通过这个坐标,可以验证文化园区创新模式构成因素与运作机制的客观性、适应性、科学性和合理性,检验文化园区典型案例运作机制的效果,以证文化园区创新模式的现实意义与可操作性。

二、案例的创新模式与运作机制

(一)加拿大 BC 省动画产业园

加拿大 BC 省的动画产业在 20 世纪 80 年代还只是为美国企业提供简单的下游加工服务,如设计图样、提供故事草稿、动画配音、后期声音合成等,缺少自己的原创作品。如今它已成为美国洛杉矶和纽约以外的第三个北美影视制作中心和北美地区动画产业中心,囊括了前卫娱乐公司(Radical Entertainment)、遗产娱乐公司(Re-lic Entertainment)在内的多家世界知名娱乐传媒公司、电脑游戏设计企业、电脑游戏制作工厂等。BC 省的电视、电影、数字媒体等产业内容作为行业内充满活力的重要组成部分,为 BC 省培养和孵化了众多优秀的创意人才。企业也通过招聘多次获奖的优秀人才来发展业务,与亚洲、北美的制作中心形成和保持了良好的合作关系。据预测,2012 年至 2017 年,其占全球电视、电影、数字媒体的年增长率将达到 11%。BC 省动画产业成功的升级转型,一方面是文化创新、创造能力提升的结果,另一方面也是政府、社会重视知识产权保护的结果。

BC 省在 20 世纪 80 年代仅仅扮演着影视、动画加工厂的角色,主要收入来源于承接美国影视产业和动画产业的订单。90 年代中后期,随着影视、动画相关领域文化企业、创意阶层集聚的形成,BC 省动画产业园渐成规模。就在这个阶段,BC 省动画产业迈出了至关重要的一步,即从加工制作向原创转型。实现成功转型后,BC 省的动画产业大致涉及四个领域,即传统动画、电脑动画与视觉特技、电脑动画与电子游戏、动画配音配乐与声音录制,其中电脑动画与电子游戏占动画产业总收入的75%,电脑动画与视觉特技占15%,而传统动画和声音加工分别占5%和2%。① BC省动画产业在产业内容方面进行文化创新,为其带来了可观的经济收入。文化创新为创意阶层带来巨额财富的同时,也给予了创意阶层巨大的工作成就感,从而促进了更多文化创造活动的开展,为新一轮的文化创新、创造活动提供了资金支持。由此产生的良性循环,使BC省动画产业得以不断发展。

随着文化内容的持续创新,BC省动画企业在制片形式上也进行了制度创新。第一种制片形式是合作制片(Co-productions),责任双方实行投资和利益分担,BC省拥有产品的知识产权。与BC省合作制片的另一方主要是来自美国、德国、法国、英国及日本的动画企业。在传统动画和电脑动画领域,这种形式的合作制片在2000年的总收入达到4200万加元,2003年增长到6150万加元;在动画配音、配乐以及声音录制等领域,2000年总收入高达3.43亿加元,2003年增长到4.35亿加元,合作制片的形式获得了显著的经济效益。第二种制片形式是本土制片(Indigenous productions),BC省拥有产品的知识产权,并负责市场销售。这种制片方式主要集中在游戏动画领域,其收入占到本土制片总收入的75%。在传统动画和电脑动画领域,本土制作的收入占比相对较少,分别为15%和50%。创新制度确保了BC省当地动画企业对原创作品的所有权,有利于当地文化创意产业的健康、可持续发展,也提升了BC省在动画产业的知名度和影响力,推动了文化创意成果向BC

---

① 周勇,王英.加拿大动画产业园区:创意成就支柱产业[J]. http://www.shdch.com/StaticArticle/101119/105599947.shtml.

省周边区域及外部地区的扩散。而技术、知识、创意成果的扩散，又促使文化企业不断地创新、创造，以获得绝对竞争优势。

加拿大联邦政府和BC省政府对动画产业，一直采取鼓励扶持政策，主要体现在资金支持方面。首先，加拿大联邦政府和BC省政府对电影、动画产业中的多项细分领域提供不同程度的税收抵免。如BC省地方控股的制作公司，可享受税收抵免政策，除了享受基本的35%的税收抵免之外，如果在温哥华以外地区拍摄，可享受12.5%的税收抵免，如果在偏远地区拍摄，可享受6%的税收抵免。数字动画或视觉特效制作公司可享受17.5%的税收抵免。BC省居民如果进行风险投资或投资符合条件的商业活动，可享受30%的税收抵免，最高每年可免除6万加元。政府在税收方面的细致分类，确保了对企业扶持的针对性，提高了政府资金的使用效率，既扶持了亟须资金支持的文化企业、创意阶层，尤其是初创型文化企业，又对市场起到了宏观调控作用。政府的扶持政策一定程度上影响了市场、人才和资金的走向，吸引了大批优秀创意人才向BC省集聚，也吸引了大量相关的文化企业、创意阶层向BC省集聚，推动了文化创意活动的开展。

BC省动画产业园的服务机构一般是由政府和企业共同出资成立的，这些服务机构为动画创意、制作、市场推广等多个方面提供资金支持，政府在此过程中起到引导和支持的作用。加拿大联邦政府和BC省政府对动画产业园的资金支持，一般是通过大量的非官方机构和中介组织进行，这些机构多是致力于为影视和动画产业提供支持服务的行业协会，包括BC省电影和媒体协会、BC省数字媒体和无线协会、BC省技术产业协会、Centre4Growth等组织。BC省电影和媒体协会的成立旨在促进BC省的电视、电影和动画产业的多样化,而数字媒体和无线协会专注于为数字媒体企业提供一线的商业机会和市场推广支持。针对影视和动画产业中的不同细分领域而建立的行业协会,能够为文化企业提供精准的服务,尤其是提供更为有效的政策服务和市场信息。这种管理模式被称为"一臂之距",即政府不直接干预文化产业公司和组织的运行,而是通过建立不属于官方的中介组织,由一些中立的艺术或文化事业方面的专家为政府提供指导意见,并负责文化经费的具体划拨,并依靠各种行业委员会和完善的法律体系监管。① 政府的"柔性介入"为 BC 省动画产业园的发展营造了一个相对宽松的环境,推动了动画产业体制的完善,减少了政策、资金、人才等方面的阻力。音乐发行协会、动画配音协会等在内的众多协会吸纳、集中了温哥华当地以及北美地区相关领域的最顶尖人才,搭建起了投资者、创作者、政府之间的信息渠道。协会在渠道搭建过程中起到了联络、协调的作用,一方面促进了信息、资源的顺畅流动,另一方面推动了 BC 省动画产业的规范化发展。除此之外,BC 省地区有 12 所电脑动画学校、60 余家动画制作公司。② 高等院校、科研机构云集,为当地的动画产业培养、储备并输送了大量的创意人才。政府、社会对动画产业的支持,使 BC 省动画产业园得以发展、占据世界行业领先的地位。

(二)尚 8 文化园区

尚 8 文化集团自 2007 年创建"尚 8"品牌,以旧工厂、旧仓库作

---

① 胡珊. 国外发展创意产业的经验及启示[D/OL]. 武汉:武汉理工大学,2008:47-48.
② 马苏苏. 基于创新系统的创意产业发展研究[D/OL]. 大连:大连理工大学,2008.

为改造对象,发展运营文化园区。2010年,尚8开始在北京发展连锁文化园区,目前已建设了15个文化园区,如尚8国际广告园、尚8东区孵化园、尚8人文创意产业园、尚8设计家、尚8创新文化园等项目,总经营面积近20万平方米。其服务对象主要为小微文化企业,现入驻800多家文化企业,累计服务文化企业近5000家。尚8文化园区在近十几年的发展历程中,重视营造文化园区的文化生态,实现文化创造力的集聚与外溢效应,符合文化园区创新模式的运作机制。

1. 尚8文化园区的集聚系统与运作机制

对创意阶层的细致分类和园区功能定位的差异化,使尚8文化园区具有更多的选择和比较优势。文化园区的空间设计和布局在保留原有建筑特色的基础上而更加多元,无论是砖混结构、挑高厂房式的尚8设计家、科研楼改造的尚8国际广告园,还是原社科院研究生院花园式老楼房改造的尚8人文创意产业园,都充分保留了原有建筑风貌。由于其连锁运营的模式,尚8文化园区遍布北京市朝阳区、海淀区、东城区、西城区,为文化企业、创意阶层提供了更多地理空间上就近吸引的便利,对降低碳排放、减少交通拥堵、提供生活与工作的就近选择、打造宜居城市发挥了一定的作用。

2015年4月,尚8文化园区顺应众创空间和联合办公的发展趋势,依托尚8国际广告园建设了Work8联合办公场所,专门服务于文化创意产业及相关领域的中小微文化企业、创业团队(如图5-2)。尚8文化园区通过改造800平方米的旧式办公空间,提供40个工位,以每三个月为周期收取工位租金的形式,将具有一定的发展需求,分散于城市中的创意团队进行整合,被新浪等媒体誉为

图 5-2　尚 8 文化园区 Work8 众创空间

"最具颠覆性的办公空间"。

Work8 办公区域沿袭尚 8 文化园区工业设计风格及修旧如旧的改造风格,运用红白跑道、超级马力电玩形象、实木办公桌、工业风吊灯、原木落地灯、废旧自行车、铁制墙面装置等物件,保留文化园区的地缘文脉与特色,体现出一定的创意感与设计力。Work8 智能化会议室近 400 平方米,配备 4K 宽屏电视、多媒体设备、白板,供创业团队举行日常会议或路演时使用。会议室背景墙用橙色快餐碗勾勒出 Work8 的标志,一反常规会议室沉闷、枯燥的形象,体现了 Work8 建设者对于新型工作环境的需求,强调自由、开放、创新的交流。除了办公区域和会议室以外,Work8 还为创业者们打造了充满童趣的茶水间、休闲区域,随时供给零食、茶水、咖啡。Work8 为青年创业群体提供了良好的公共服务资源,其公共区域的设计和运营充分体现出创意资源的高度整合。如多次将尚 8 国际广告园及尚 8 其他园区的企业管理层、创意阶层邀请至 Work8 进行路演、举行会议,分享创业经历和创意资源。同时,筛选尚 8 文化园区已有的几十家专业配套服务团队,为 Work8 提供金融财税、法律法务、知识产权、政策服务、招聘培训、商务交流等服务,降低初创企业的运营成本。创业团队和供应商直接对接,Work8 并不收取佣金。App"Wake 线上瑜伽"、正杨映像文化传播有限公司两家创业团队已成功创业并离开 Work8、进驻尚 8 文化园区继续发展,在文化园区里实现了从"我"到"我们"的变化。2016 年 3 月,一见投融资直约平台成为 Work8 的配套服务供应方。双方还将共同打造创业空间联盟体系,依靠强大的创投资源与服务,为创业者提供融资对接、推广运营等全方位、多维度的孵化助力。这充分体现出尚 8 高效整合文化产业资源的优势,使 Work8 的青年创业者充分受益于文化创造力的集聚效应。

Work8 联合办公空间为创业者提供开放、共享的创意环境和高效整合的产业资源,这种现象在尚 8 多个文化园区中普遍存在。尚 8 坚持在文化园区内保留 30% 的弹性公共空间,设立博物馆、展览馆、美术馆、公共会议室、路演中心休息室、咖啡厅、24 小时超市等公共服务空间,为园区内文化企业、创意阶层提供更多的互动交流的场所。这使文化园区内的创意阶层在工作的同时,能够产生更多的社区接触,形成社群,激发创意灵感。

2. 尚 8 文化园区的外溢系统与运作机制

尚 8 文化园区在发展过程中,搭建了文化园区运营平台、文化产业孵化平台、文化产业投资基金平台、知识产权保护与交易平台四个公共服务平台。四个公共服务平台整合了文化创意产业的多方资源,为文化园区企业提供了直接、有效的资本对接和运营服务,提升了园区文化企业、创意阶层的文化创造力。根据 2011 年北京大学国家发展研究院与阿里巴巴集团联合发布的《小企业经营与融资困境调研报告》显示,我国小微企业的资金来源主要依赖于内部筹资与外部贷款。小微企业的内源性融资主要包括资本积累、股份、折旧基金等多种形式,具有原始性、自主性、无偿性等特点,一般是小微企业初创期的首选融资方案。发展中的小微企业除了依靠内部融资之外,获得外部资本的主要途径仍然是各类金融机构的贷款支持。小微企业的外源性融资大多指银行贷款、融资租赁、股权融资、债权融资等。资本是企业得以生存与发展的根本保障,小微企业融资能力的高低直接决定着一个企业的融资水平。基于小微文化企业意识形态的文化特性和轻资产的产业特性,或是由于文化产业发展的周期较长,往往难以获得资本的青睐。尚8通过在文化园区内搭建以文化和科技为核心的文化产业孵化平台,优先从入驻文化企业、创意阶层中发展潜力项目,孵化投资。该平台致力于文化创意产业的早期阶段投资,涉及领域包括艺术、设计、影视、动漫、新媒体等方面。

+86国际设计师产品概念店就是尚8孵化投资的项目之一(如图5-3)。其创业者池伟毕业于中央工艺美术学院,他与两位合伙人共同创建的致翔创新设计公司,是最早入驻尚8文化园区的企业之一。池伟看到了市场中对设计师产品的文化消费需求,因此筹备创业。与尚8文化园区运营方交流过创业设想后,他得到了尚8产业孵化平台的支持,例如减免房屋租金、开设产品概念店等,随后又得到了文化产业投资基金平台的支持。尚8以25%的股份入股创业项目,2009年11月成立"+86国际设计师产品概念店"。这是国内最早的国际设计师产品概念店之一,从事设计师产品的引进、展示、销售和再开发,为消费者提供更多的创意设计产品和前沿的生活方式。发展至今,+86国际设计师产品概念店不仅成为中国创新设计红星奖的独家定制授权店,还代理了包括德国红点、IF、日本GMARK等全球顶尖的设计师作品。+86国际设计师产品概念店不仅得到了尚8文化园区资金上的支持,也得到了尚8文化园区公共服务平台的支持。尚8文化园区通过共享优势资源,促进创意因子的选择、复制、变异和重组,发挥分工协作机制和价值增值机制的作用,实现了文化创造力的集聚和外溢。

图5-3 +86国际设计师产品概念店

尚8文化园区文化创造力的发挥,也离不开外力的支持与助推。2014年9月,李克强总理在夏季达沃斯论坛首次提出"大众创业、万众创新"的理念。2015年3月5日,李克强总理在两会政府报告中指出,在经济新常态下应积极发挥人民群众的创造力,大力推动大众创业、万众创新,以破解就业难题,提高居民收入。3月11日,国务院印发《关于发展众创空间推进大众创新创业的指导意见》,并相继出台了《关于大力推进大众创业万众创新若干政策措施的意见》等,推动构建"低成本、便利化、全要素、开放式的新型创业服务平台"。北京、上海、重庆、天津等地连续出台多项实施细则,放宽对"众创空间"等新型创业"孵化器"的发展限制,肯定其对小微文化企业发展的重要性和必要性。这也是Work8得以发展的重要政策因素。政府行为这一支持外力的助推促进了Work8的发展。

2015年,习近平总书记在中央财经领导小组第九次会议中明确提出,通过疏解北京非首都功能,最终实现京津冀区域协同发展。尚8文化园区与天津市南开区政府合资成立天津市南开国资委南开投资公司,就天津理工大学原校址进行合作,建设京津冀协同发展的文化园区项目。2015年12月,中央经济工作会议指出,2016年经济工作包括去产能、去库存、去杠杆、降成本、补短板五大任务。社会企业和各级部门积极响应政府关于化解过剩产能和房地产库存的号召,积极建设发展文化园区。尚8文化园区已陆续与北京房地集团、北京京仪集团、北京环卫集团、北京热力集团、北京首农集团、北京控股股份有限公司、北京电控股份有限公司、北京西城国资大栅栏投资集团等多家企业签署战略性合作协议,将陆续利用存量工业资源,对原有产业进行升级,对创意城市、宜居城市的建设进行探索。这也印证了文化园区创新模式的内部因素影响机制与支持外力助推机制之间相互促进、相互作用的重要性。

(三)科技寺

位于北京朝阳区簋街的科技寺是一家集联合创业空间和创业服务社区为一体的创业综合服务平台(如图5-4)。自2013年9月成立至2015年5月,科技寺已发展成为北京最大的众创空间。仅北新桥项目一地,2000平方米的联合办公空间内入驻了25个创业团队,270个工位全部出租。科技寺自成立以来,共孵化了70余家创业企业,90%的创业队伍最终拿到A轮融资,其中,创业企业喜宝动力已经于2014年在新三板成功上市。[①] 2015年3月,科技

[①] 孙奇茹.簋街边有家"科技寺"[J].北京日报,2015-07-30.

图 5-4　科技寺联合办公空间

寺又荣获北京市科学技术委员会颁发的"众创空间"奖。

科技寺选址倾向于生活气息浓郁、交通便利、人流量大的热闹区域。科技寺总部（北新桥店）位于北京东二环内，距离北京著名的小吃街——簋街仅三四百米远，三里屯项目更是选择人潮涌动的工体北路。周边完善的生活娱乐设施为创意阶层提供了生活的便利，同时，便捷的公共交通极大地降低了创业者的交通成本和时间成本。除了考虑生活便利度对创业者的吸引之外，科技寺选址的出发点也来自于对服务对象的判断。科技寺创始人王灏在接受《北京日报》记者采访时说："你想想，做一个美食类创业项目，每天却在几公里内只有一个单调食堂可吃的园区里上班，能做出有吸引力的产品吗？如果目标群体是时尚人群，三里屯这种年轻、时尚人群聚集的地方，比满是 IT 人士的科技园里合适太多了吧？"[①]科技寺定位于服务数字、新媒体产业领域的创业人群，将众创空间设在目标服务人群的生活半径内，使其成为该人群生活半径中的内容之一。地缘上的接近使目标服务人群更易于快速地产生亲近感，在精神、情感、价值观等多个方面产生共鸣。此外，生活、消费、

---

① 孙奇茹. 簋街边有家"科技寺"[J]. 北京日报，2015-07-30.

娱乐等相关领域要求创业者对文化市场需求和变化极其敏感,身处"闹市",无疑能够使创业者快速获得市场信息和反馈。如果说所在区域自身的产业特征和极高的便利度,为这些初期创业者的集聚创造了可能,那么,情感层面的共鸣则吸引创意阶层形成创业社群,从而实现了文化创造力的集聚,充分印证了文化园区创新模式的集聚系统与运作机制的有效性。

关于众创空间的研究,王子威从运营模式出发将我国现有的众创空间分为活动聚合型、培训辅导型、媒体驱动型、投资驱动型、地产思维型、产业链服务型和综合创业生态体系型七个类型。[①] 无论是何种形式的众创空间,其核心都是为创业者提供真正有价值的服务,不仅提供办公、娱乐、生活的场地,还提供金融、法律、招聘、培训等产业增值服务,从而最大化地集聚创意因子,最大限度地发挥文化创造力,为消费者提供成熟的文化产品和服务。在产业增值服务方面,科技寺颇具特色的地方在于每周组织四五场沙龙活动,从产品、技术、法务、投融资等方面对入驻的创业团队进行培训和指导。科技寺在金融方面提供的服务广泛而又完善,包括对"大科技寺"生态创业圈的早期投资、贷款服务、新三板上市服务等。2015年,科技寺推出特色金融服务,成立了"新三板服务中心",帮助入驻企业解决私募股权投资、风险投资等方面的问题,聘请创业导师对创业团队进行全程指导。登陆新三板后,入驻企业还能够继续获得更为充足的资金。多样性的金融服务针对创业不同阶段的需求,为创业者最大限度地清除了创业过程中可能面临

---

① 王子威.众创空间专题研究报告[J]. http://www.360doc.com/content/15/0511/03/21896556_469561782.shtml.

的障碍。文化园区通过创新模式的内部因素影响机制,促进了文化创造力的集聚,提升了文化园区的文化创造力,为文化企业、创意阶层的发展与成长提供了支撑。

(四)猪八戒网

随着互联网的高速发展、移动互联网终端的普及,人们可以利用网络平台突破空间、地域的限制,随时随地展开文化创新与创造活动,这也引发了从实体园区向线上虚拟园区转型的风潮。线上虚拟园区弥补了实体园区在地理空间、资源整合等方面的不足,而实体园区又使线上资源的落地得以实现,增加面对面的接触和交流的机会,促进社群的形成。可以说,虚拟园区与实体园区共同作用,形成互相补充、互相推动之势。猪八戒网就是这样的例子。2015年,获得26亿融资的猪八戒网,其估值在一年之间翻了一番。2016年,猪八戒网与昆明市、长沙市合作,并计划在全国35个城市打造云端服务平台,建设"八戒城市",为中小微企业提供服务,其发展态势尤为迅猛。

成立之初,猪八戒网旨在为设计创意、文案策划、营销推广等领域的创意人才提供一个供需对接的众包服务平台。对设计、策划等有需求的中小微企业可在猪八戒网发布需求,进行招标。猪八戒网上集聚的大量创意人才,通过比稿、计件等多种方式为需求方提供设计、文案等文化产品和服务。作为提供文化创意产业众包服务的平台运营商,猪八戒网在9年的时间里汇聚了1300万左右的创客数量。其快速发展的态势证明了其平台的价值,即跨越空间限制、高效而精准地对接供需关系。2014年6月,猪八戒网打造了我国首个文化创意产业虚拟园区。它是在共享经济、社群经济的时代背景下,运用成熟的互联网技术、大数据技术的产物。共享经济时代,人们对物品所有权的需求逐渐让位于使用权,即借用、租用物品而减少囤积、管理等后续问题。企业的雇佣模式发生了变化,资源的最大限度的利用、整合和共享成为当今商业模式的新议题,而互联网技术的发展和普及也为资源配置的科学化、合理化提供了最有效的工具。猪八戒网O2O孵化园为文化创意产业初创者提供一站式的创业服务,包括异地企业工商注册、创意设计公共服务平台、文化创意微企孵化、创意设计标准化建设等。[①] 更为重要的是,猪八戒网凭借其线上业已成形的众包服务平台,使线上需求方与虚拟文化园区中的供给方实现顺利对接,吸引了大批化创意产业领域的从业人员。同时,大量线下活动,如主题分享会等,增强了众包服务平台的黏性,实现了线上、线下的良性互动。

猪八戒网的虚拟文化园区和"八戒城市"的建设打破了人们对文化园区的传统认识,将文化园区从线下物理空间拓展到了线上虚拟空间,突破了地理空间对集群式发展的限制,使文化产品和服务的供需双方实现了更为直接、有效、快捷的对接。猪八戒网的虚拟文化园区利用自身的平台优势,在线上孵化小微文化企业。而"八戒城市"的建设又把线上资源拓展到线下,打通了线上线下的对接渠道,培育、孵化了更广泛的创意阶层,提升了企业的文化创造力。猪八戒网建设开发的虚拟文化园区突破了传统集群效应,验证了文化园区创新模式的适应性与合理性。

---

① 田文生,于文溪.首个"虚拟产业园"开园,助创业青年"圆梦"[J].中国青年报,2014-06-27.

(五)德必创业平台

上海德必创业平台是本书选取的另一个具有代表性的案例(如图5-5)。不同于猪八戒网虚拟文化园区,它是通过线下实体园区结合线上虚拟平台,充分实现文化创造力的集聚与外溢效应。德必创业平台既关注创意阶层办公、生活空间的建设,又将实体空间延伸到线上,并在线上实现更为广泛的对接和互联。2006至2013年,德必创业平台开发连锁文化园区20个,吸引了1200余家文化创意企业入驻,其中不乏一些具有一定规模的知名企业。德必创业平台在为创意阶层打造自然、舒适的办公环境的同时,还提供多方位的产业服务,如法律政策咨询、人才招聘与培训、品牌推广等。线上服务平台不仅向文化园区内的文化企业、创意阶层开放,也向社会开放,实现了知识信息的扩散共享,激发了城市创新活力,促进了创意城市的建设和发展。自2010年起,德必创业平台先后与Workface以及法律、财税等配套服务企业合作,发展线上服务平台,并参与发起了上海市创意(设计)产业投资基金联盟。在这个过程中,产业资源得到了最大限度的利用,文化园区也超越了实体空间地理的限制。

图5-5 德必创业平台

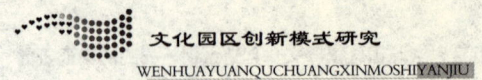

第二节　文化园区发展现状与问题

自 2010 年起,全国已有 9 个文化园区被文化部撤销国家级文化产业示范基地和国家级文化产业试验园区的命名。在发展之初,被摘牌的文化园区尽管在外部因素的助推下获得了较快发展,但在后期经营发展过程中,由于缺乏平台服务意识和专业运营能力,使文化园区的文化创造力无法获得有效集聚、提升与释放,逐渐失去示范、带动和辐射的作用,这也反映出我国文化园区的发展现状与问题。

一、吸引力不足,缺乏创意环境营造

文化园区不仅要为入驻企业提供舒适的办公环境,还要营造适宜于创意因子扎根、萌芽的创意环境,包括公共文化基础设施、产业增值服务设施、绿色生态环保设施。受益于政府的政策扶植和税收优惠,目前,我国大部分园区已经配备了齐备的基础设施。但是部分文化园区最后成为死气沉沉的常规商务办公场所,对文化园区外的创意阶层没有吸引力。这类文化园区内的入驻企业对文化园区没有产生向心力,文化创造活动没有因文化企业的集聚而变得活跃,文化园区的文化创造力也没得到提升。这类文化园区在硬性和软性环境方面都存在一定的问题。在硬性环境方面,文化园区缺乏公共文化空间,如展览馆、图书馆、电影院、文化艺术中心等场所,创意阶层在工作之余缺少休闲、娱乐、交流的场所。同时,这类文化园区也无法在第一时间向公众展示文化产品和服务。还有一些文化园区不重视绿色生态环境建设,没有重视绿地、水体、植被建设,从而成为一个缺乏生气的办公场所。创意阶层不能在文化园区内愉悦工作,更谈不上从事文化创造活动。在软性环境方面,一些文化园区没有向入驻企业尤其是中小微文化企业提供所需的政策法律咨询、人力招聘与培训、营销推广等方面的支持,逐渐导致文化企业、创意阶层的流失、文化创造力集聚效应的相应减弱。

文化企业、创意阶层的集聚能够带来文化创造力的集聚效应。位于金字塔底部的中小微文化企业是创意的来源与基石;中间成长型企业利用自身较为完善的生产环节,完成从产品策划、研发到生产、销售的市场化流程;金字塔顶端的龙头企业通过制定行业规则和标准等,共同促进文化园区的创新发展。自由、开放的创意氛围能够促使企业突破自身发展的困局,促进知识、信息和创意的交流,促进新的观念、技术的快速传播,激发文化创造力。但是,在现实情境中,一些文化园区一方面降低准入标准,忽视引进企业之间是否存在资源或者利益上的一致性,无法形成完整的产业链条。另一方面,在环境设置上,由于缺少配套服务空间,没有互动、交流的环境与氛围,创意因子之间无法发生碰撞、融合、变异,从而制约了文化园区内文化创造活动的开展。

二、脱离消费市场,难以转化创意成果

文化园区为吸引和集聚创意阶层,十分注重规划、建筑、景观等方面,是城市中较有品质的文化区域之一。随着创意阶层的进入和创意活动的展开,文化园区的创意氛围逐渐浓厚。良好的硬件配以自由、开放的创意氛围,吸引了大量游客、居民前往休闲、参观,产生文化消费、促进文化创新与生产。齐勇锋曾指出:"文化消费的快速增长,成为推动传统文化资源现代化转换、加快文化产品和服务供给的动力源泉,从而使蕴涵在文化艺术工作者和人民群众中的潜在创新能力被大大激活。"[1]文化生产与消费的无缝对接使文化园区能够及时获得文化产品和服务的使用反馈,了解文化市场和消费者的需求,促进先进的生活观念、生活方式以及价值观的输出,有利于形成文化创造力与塑造城市精神。但是,目前文化园区的发展状况,一定程度上制约了原创能力和内容生产。文化园区"缺乏群众喜闻乐见、有影响力的精品节目和拥有自主知识产权的产品品牌、企业品牌与人才品牌,难以对文化市场形成持续的拉动,文化消费增长乏力,奢侈品消费风行"。[2]

一方面,文化园区生产的文化产品和服务无法满足人民群众日益增长的精神产品消费需求;另一方面,文化园区没有营造轻松、自由的氛围。除了设置办公空间、创作空间,文化园区应在室外公共区域设置绿地等休憩区域。同时,这些区域又能举办大型艺术作品展、音乐节、演唱会等文化活动。文化园区应设置休闲区,提供餐饮、娱乐等服务,为市民和游客带来便利;应设置设计师商店、画廊、展览馆等文化产品的销售空间,从而产生经济效益,提高园区知名度和品牌辨识度。同时,文化消费对园区建设也能够

---

[1] 齐勇锋.传统文化的现代转换,如何增强文化原创力[J].传承,2011(16):50.
[2] 齐勇锋.论文化产业发展及其方式转变[J].政策,2013(3):53—56.

起到一定的促进作用。然而,目前大部分文化园区的经营模式较为单一,经营者大多专注于办公场地租赁业务,没有认识到文化园区作为文化产品的生产和消费的产业平台特征,导致文化创造活动难以与市场消费需求同步,文化创造成果也难以在第一时间投入文化消费市场。

三、同质化严重,无法突破空间限制

文化园区是文化产业发展的产物,从规划、设计、建设、招商到后期的运营、线上平台的搭建等多个方面,都应体现出文化创新的过程。只有在设计阶段依据自身特色,明确文化园区主题,在人才引进、创意环境营造、网络平台搭建等方面寻求个性化发展,才能集聚一定数量的文化企业、创意阶层,并通过释放文化创造力生产出个性化的创意产品,传递具有开放性和包容性的城市创新精神,实现文化创造力的外溢效应。近年来,在政策利好的情况下,我国文化园区的建设从20世纪90年代起步,发展到2002年有48个文化园区,2012年时出现井喷态势,达到1457个,并在2014年时达到顶峰,共有3500个文化园区。2015年,文化园区数量稍有回落,全国正常运作的文化园区有2047个左右(如图5–6)。① 其中由国家命名的文化创意产业各类相关基地、园区就已超过350个。各地大量建设"动漫园""影视基地""新媒体中心"等文化园区,但在文化园区蓬勃发展的背后,不难发现,不少文化园区是某些房地产商

---

① 中国产业信息. 2015–2020年中国文化创意产业园规划市场专项研究及投资策略咨询报告[EB/OL]. (2015–04–10)[2017–11–01]. http://wenku.baidu.com/link? url = ljOEjIPDPFzkzybpHk9AwZRjQeB0VqCO46nQjO2FtOebmBPP DhOmA1z35P3hxG6u64FerZth 9pTK3ee – IyGWhGMavXiTFEPzMZO8cdE_1vO.

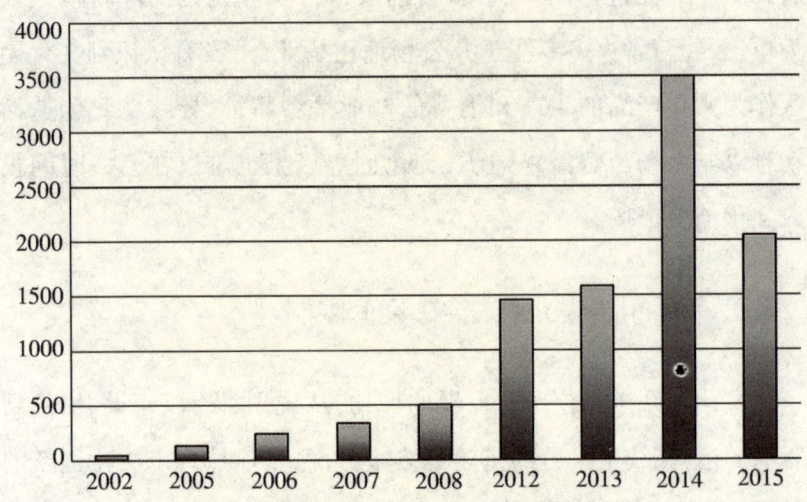

图 5-6 2002-2015 年我国文化园区总量

利用政策优惠进行的"圈地"行为,或因缺乏可持续运营能力而导致园区发展停滞不前,在设计、建设、招商、经营等多个环节,并不符合当地文化市场需求,没有结合当地文化资源,只是简单地照搬国内外文化园区的已有发展路径和模式,缺乏个性化和特色,同质化现象十分严重。尽管文化园区在发展初期能够依靠政策优惠吸引部分企业入驻,但是由于无法为入驻文化企业、创意阶层提供自由、舒适、开放的创意环境和产业配套服务,无法为生产者和消费者搭建桥梁,从长远来看,这会导致文化企业、创意阶层的流失。据统计,全国包括影视城在内的 2500 多处主题公园,70% 处于亏损状态,仅有 10% 实现盈利,将近 2500 亿巨资被主题公园及影视城"套牢"。[1]

---

[1] 杨吉华. 我国文化产业园发展现状、存在问题及对策[J]. 北京市经济管理干部学院学报,2006(3):15-18.

互联网技术的发展为文化园区内知识、信息的扩散与传播提供了技术支持。网络平台不仅为文化园区内的文化企业、创意阶层提供了交流、互动的渠道,也为文化园区内外的文化企业、创意阶层提供了交流、互动的渠道;既能够提高创意成果进入流通市场的效率,又能传播创新理念。目前一些文化园区的经营管理理念仍然陈旧,网络平台建设局限于传统模式,仅仅停留在信息交流层面,并未拓展到物业服务、产业增值服务、投融资服务、公共文化服务等方面。文化园区内文化企业、创意人才、文化市场之间的沟通并不顺畅。新观点、新技术、新手段无法快速进入或流出文化园区,难以形成社群,实现线上、线下资源的协同发展。可以建设线上网络展厅,展示展品图片、3D景观、声光效果,形成付费观看模式,满足消费者更高层次的文化消费需求。受制于空间和资金条件,目前文化园区中鲜见利用现代科技手段拓展线上文化展示的应用,线下会展时间也较有限,难以实现文化创造力最大限度的外溢。

第三节　文化园区发展建议

在创意城市成为未来城市发展的主流方向、创意经济日益重要的时代背景下,文化园区的创新发展已经成为适应政治、经济、社会、文化发展的必然选择。本节基于创新模式通过内外部因素协同作用于文化园区"能量层"提升发展的运作机制,从协同内部因素优化文化生态,围绕支持外力健全集群服务系统,加速创意资

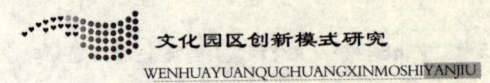

源流动、提升创新聚合力等方面,为文化园区的创新发展提出可行性建议。

一、统筹内部因素,营造创意环境

文化创造力的发展需要一个能够在有效协调文化创新、文化消费、科技创新、创意环境营造等内部因素的作用下推进文化园区不断发展、升级的生态系统,即具备创造力能量提升的生态系统。文化企业强调创新性、新颖性、多变性,其与具有一定差异性的企业伙伴更易于形成价值共创关系。为了提升创新能力,文化园区要保持企业之间的知识差异,打破传统相对稳定并趋于静态的产业发展模式和运营机制。一定区域内的开放性、社会凝聚力、文化多样性等环境因素,是创意阶层选择入驻文化园区的主要原因。良好的创意环境有利于吸引各类创意人才,有利于构建一个集生产、交易于一体的生态综合体。文化园区创新能力的大小和生命周期的长短,取决于园区内部企业技术创新的能力。提升企业的核心竞争力应从强化企业技术创新入手,增强企业自主研发能力。在信息技术快速发展的当下,广泛应用信息化、数字化技术,转变传统产业发展方式,丰富文化产业创意内容,重点发展以数字内容产业、创意设计产业、新媒体产业为核心的新兴业态,提高文化产业的科学技术含量,实现文化园区创意产业链价值的增值。随着文化生产与文化消费的一体化发展,消费者将越来越多地参与到文化产业链条中来。从创意的萌发到产品的营销,无不体现着消费者的消费意愿和需求倾向。在实体产品与虚拟空间之间、生产者与消费者之间搭建对接的在线社交、交易平台,积极鼓励消费者广泛参与文化园区生产经营的全过程，使其成为文化产品和服务创新的最终体验者和下一轮创意活动的主导者，最大限度地利用大众创意，为文化园区创新发展服务。另外，完善的产业链条可以带动文化园区上下游企业的联动效应，促进园区内部各要素的协同发展。应当根据文化园区的产业格局和周边环境，打造集研发、运营、发行、销售、周边服务于一体的完整的产业价值链，建立可持续发展的循环生态系统，发挥文化园区文化创造力的集聚与外溢效应。

二、围绕支持外力，健全服务系统

文化园区的支持辅助系统从政府、市场、网络、制度、非物质文化遗产传承等方面，对文化创造力"能量层"的提升起到了积极作用。20世纪以来，部分文化园区虽消耗了大量资金，但没有达到预期的效果，究其原因就在于把创新看成了单向的线性过程，没有形成完善的区域服务创新网络。文化园区内企业与企业之间，企业与高等院校、研究机构之间，企业与中介组织之间，没有产生稳定、充分、全面的交流，导致创意资源缺乏足够的流动与更新，边际社会成本增加，企业创新动力不足。因此，要想提升文化园区的创意能量，需要加强区域内各行为主体之间的交流、沟通、合作，建立创新服务系统，拓展创新的渠道和途径。建立完善的创新服务系统，应建立规范市场竞争的市场服务体系和加强社会网络联结的信息服务体系，加强知识产权保护的制度服务体系，优化非物质文化遗产传承体系，建立多元化支持的金融体系和保证产品质量的监控体系等，实现园区创新发展。这些系统的建立都离不开政府的引导支持、中介组织机构的有效配合。以知识产权保护体系为例,文化产业作为轻资产产业,其发展更多地要依靠著作权、专利权、商标权等知识产权。从一定程度上来说,知识产权就是文化产业的核心资产。健全的知识产权保护体系,对文化园区的形成与发展至关重要。充分运用政策、法律手段规范文化市场行为,避免非法竞争,能够为文化园区创造良性发展空间。集群服务系统可以促进文化企业之间、文化企业与从业者之间的合作关系,实现不同产业、行业之间的跨界合作,有效提高文化园区创新效率,缩短企业应用科技创新成果的时间,促进创新"能量层"的扩大与提升。

三、加速创意资源流动,提升创新聚合力

创意是一种想象力和创造力,具有独特性和前瞻性的特征。未来城市的发展需要具备创新性、灵活性与适应性。文化园区集聚了众多创意资源,从而使文化产品与服务具有更多的原创性,提升了核心竞争力。要提升文化园区创新资源的更新效率,创建学习型园区,使最前沿、最先进的科技、知识、信息等资源得以迅速传播;多方位开拓资源渠道,充分借助外部的创意力量,充分利用新资源、新思想、新技术。文化园区内的知识创新共享平台,也可以加速知识资本增值,提升园区的创新聚合力。应在文化园区内外建立跨区域、跨产业、跨行业的知识创新共享平台,加速创意资源的更新迭代,提高创新效率,加速创新聚合,提升文化园区的创新水平。创意资源流动与更新的实现主体是创意人才,创意人才的集聚是文化园区发展的先决条件。文化园区要搭建高水平的人才发展平台,培养高素质的创意人才,加强海外高端创意人才的引

进；建立和健全市场化的人才流动、激励机制,鼓励拥有自主知识产权的创意人才以技术要素、知识产权等无形资产参与企业利润分配,激发创新创业的潜能;积极发展人才服务体系,解决人才的选拔使用、晋升培养、薪资社保、子女教育等问题,为创意人才营造一个良好的学习、工作和生活环境;拓宽人才培养渠道,采用多形式、多途径的立体化人才培养架构,发挥文化园区产学研机制的积极作用,加速创新成果的产业化。创意人才从业素养和创新能力的提升,能够提升文化产品和服务的创新效率和水平,创意人才的流动加速了创意资源的更新、融合与转化,为文化园区的发展集聚了新的创意能量,促进了文化创造力"能量层"的显著提升。

结 论

文化园区作为一种全新的城市空间形态，与城市的文化创意、创新活动紧密联系。创意经济的繁荣发展、商业资本的不断介入，使文化园区日益成为一个集生产、消费于一体的公共文化空间。学者们从价值链、生态文明、地理学等视角对文化园区的创新发展进行了有益探索，并取得了一定的阶段性成果。本书选择创意城市作为研究视角，对文化园区、文化创造力等进行了系统研究，分析了创意城市、文化园区、文化创造力三者之间的关系，得出如下六个主要结论。

一是创意城市的核心竞争力是文化创造力。一个创意城市的发展很大程度上由这个城市的文化创造力所决定。创意城市的文化创造力集中表现为文化力、科技力。在人类文明发展的进程中，文化创新与科技创新相互促进，作用于城市发展的全过程，具体表现为激发城市特质形成、释放创意阶层活力、驱动文化产业发展、促进城市文化创意环境营造、推进科学技术创新、丰富文化多元化与多样性。

二是文化园区为创意城市带来了文化创新与创造，是文化创造力得以最大化发挥的聚合体系。创意城市视角下的文化园区已不再是单纯意义上承载产业发展的地理空间概念。作为创意聚合化的创新体系,它通过文化创造力创新、创造效能的发挥,在生产、销售、交易的产业链条中获得附加值。作为社区联结化的关系载体,它使具有鲜明特质的文化现象或活动对外界产生一定的吸引力,促进文化生产与消费的一体化发展。作为社会正效应的传播体,它可以在市场竞争中取得优势,形成自我积累的正向反馈机制,促进城市的创新。

三是文化园区的本质是文化创造力的集聚与外溢。作为产业集群发展的一种运营模式,文化园区的主导功能是促进经济的集约化发展、实现地理空间的就近集聚、体现产消一体的产业特征、实现产业资源的高效整合、发挥集群组织的学习效应、加速品牌与社群的有效形成、产生价值认同等,这其中最核心的功能是文化园区文化创造力集聚效应的发挥。文化创造力存在于文化园区产业链的各个环节,有文化创造力集聚带来的集约效应,就会伴有文化创造力外溢带来的创意资源扩散效应。创意环境的周边辐射、创意资源的连锁化、知识信息的外溢共享、利益相关方的参与介入、生活方式与价值观的输出、城市精神与影响力的形成,这些都是文化创造力外溢效应所带来的直接或间接的创新效应。文化创造力的集聚与外溢效应相互促进、相互影响、相互制约,共同作用于文化园区文化创造力的创新循环系统,促进文化园区所在区域乃至整个城市的创新发展。

四是内部因素、支持外力、创意因子共同作用于文化创造力的集聚(形成)和外溢(扩散)系统。文化园区的创新动力源于创意因子,以及由创意因子组成的有机协作、联动发展的创新体系。作为文化创造力的萌芽阶段,创意因子在内部因素与支持外力的共同作用下,形成最初集聚,并通过选择、复制、变异、重组等作用形成文化创造力的雏形,凝聚成创意、创新、创造的"能量层"。随着内部要素与支持外力的发展,"能量层"的自身黏性和自增强机制日益提升,集聚力量不断扩大,当其达到文化园区所能承受的最大化集聚程度时,则会加快文化园区创新能力的裂变、扩散以及产业链条的延伸,形成文化创造力的最大化外溢。当然,从文化创造力的内部演变来看,其集聚的过程也伴随着小范围的、分支化的外溢;外溢的过程也会因为新的创意资源的演变与更新,形成新的集聚,二者共同作用于文化园区的创新体系。

五是文化园区创新模式与文化园区的发展形成相互促进、相互制约的关系。文化园区文化创造力的提升系统凝聚成创新、创意、创造的"能量层",实现了文化创造力集聚与外溢效应的最大化发挥,促进了文化园区创新水平的提升。同时,文化园区发展的优劣也一定程度上影响"能量层"效能的发挥。发展良好、具有优势资源、相对成熟的文化园区能够助推"能量层"的提升,实现集聚、外溢效能的最大化;遭遇发展瓶颈、相对不成熟的文化园区会使"能量层"衰减,无法形成优势资源共享,集聚与外溢效应自然衰减。

六是实体空间与虚拟平台的协同发展成为文化园区发展的利好方向。通过线上虚拟平台与线下实体空间的结合,促进文化创造力的集聚与外溢,实现文化园区健康可持续发展,是当前文化园区切实可行的发展路径。通过集聚文化资源,提升文化园区"能量层"的黏性和自增强机制,进而促进文化创造力通过线上虚拟平台实现外溢,再反馈于实体园区形成良性循环。在社群经济发展和移动互联网终端普及应用的背景下,低成本乃至零成本的连接越来越成为可能。未来,无边界园区或虚拟文化园区会成为替代现有实体园区功能、创造高附加价值的发展选择。

　　本书的研究仍存在一定的局限。由于关于创意城市视角下文化园区的研究成果较少,无法形成一个系统的量化标准来界定文化园区创新模式的不同运作过程。因此,本书研究的是文化园区创新模式的理想情况:内部因素与外部因素都达到最大化的同时,"能量层"中文化创造力也达到最大峰值,并实现外溢的过程。其中,关于内部要素与支持外力的其他互动情况所形成的文化创造力能量大小以及运作过程,是本书尚未解决的主要问题。

　　伴随我国创意城市、文化园区的深入发展,本书的研究可以进一步展开。其一,扩大研究对象的范围,针对创意城市发展的不同区域,以及对应区域不同性质的文化园区群体进行多方位、多视角的研究。其二,伴随创意经济的繁荣发展、创意环境的完善和创意资源的不断丰富,影响文化创造力集聚的支持外力也会更加多元化,这将为创新模式的进一步深入探讨提供了多种可能。其三,为了避免数据的单一化,可以从时间、空间、产业等多个维度收集数据,从不同层面来探讨创意城市与文化园区之间的影响关系。其四,本书主要是基于国外创意城市理论研究,来界定创意城市和建构文化园区、文化创造力的关系研究。随着我国创意城市发展的日趋成熟,探索更适合中国国情的创意城市研究,并结合创意城市本土化发展的现实愿景,从我国不同区域的地方特色、园区发展阶段、城市文化特色、市场开放程度等方面进一步探讨创意城市、文化园区、文化创造力之间的关系研究,完善文化园区的创新模式,使之更具理论与现实价值。除此之外,文化园区作为城市文化创造力的"蓄水池",如何通过创新发展来推动创意城市建设,也是值得深入研究和探讨的议题。

参考文献

一、著作

哈维.叛逆的城市:从城市权利到城市革命[M].叶齐茂,倪晓晖,译.北京:商务印书馆,2014.

唐燕,昆兹曼.创意城市实践——欧洲和亚洲的视角[M].北京:清华大学出版社,2013.

霍尔特,卡梅隆.文化战略——以创新的意识形态构建独特的文化品牌[M].汪凯,译.北京:商务印书馆,2013.

佐佐木公明,文世一.城市经济学基础[M].姜雪梅,卢向春,綦勇,译.北京:社会科学文献出版社,2012.

佛罗里达.创意阶层的崛起[M].司徒爱勤,译.北京:中信出版社,2010.

斯科特.城市文化经济学[M].董树宝,张宁,译.北京:中国人民大学出版社,2010.

里德.城市[M].郝笑丛,译.北京:清华大学出版社,2010.

兰德利.创意城市——如何打造都市创意生活圈[M].杨幼兰,译.北京:清华大学出版社,2009.

芒福德.城市文化[M].宋俊岭,李翔宁,周鸣浩,译.北京:中国建筑工业出版社,2009.

参考文献

奥莎利文.城市经济学(第8版)[M].周京奎,译.北京:北京大学出版社,2015.

雅各布斯.美国大城市的生与死[M].金衡山,译.南京:译林出版社,2006.

弗罗里达.创意经济[M].方海萍,魏清江,译.北京:中国人民大学出版社,2006.

巴顿.城市经济学[M].北京:商务印书馆,1984.

张胜冰.文化产业与城市发展[M].北京:北京大学出版社,2012.

魏江,向永胜,等.文化根植性与产业集群发展[M].北京:科学出版社,2014.

周天勇,旷建伟,等.中国城市创新报告(2014)[M].北京:社会科学文献出版社,2014.

祝尔娟,叶堂林,等.北京建设世界城市与京津冀一体化发展[M].北京:社会科学文献出版社,2014.

陈少峰.中国文化企业报告2014[M].北京:清华大学出版社,2014.

张晓明,王家新,章建刚.中国文化产业发展报告(2014)[M].北京:社会科学文献出版社,2014.

李佐军.中国园区转型发展报告[M].北京:社会科学文献出版社,2014.

任浩,等.2013中国产业园区持续发展蓝皮书[M].上海:同济大学出版社,2014.

褚劲风.创意城市——国际比较与路径选择[M].北京:北京大学出版社,2014.

刘立云.中国"嵌入型"文化产业集群发展研究[M].北京:社会科学文献出版社,2014.

胡惠林,陈昕,李康化.中国文化产业评论(第18卷)[M].上海:上海人民出版社,2013.

万幼清.产业集群——核心竞争力研究[M].北京:人民出版社,2013.

张京成,刘利永,刘光宇.工业遗产的保护与利用——"创意经济时代"的视角[M].北京:北京大学出版社,2013.

熊澄宇.世界文化产业研究[M].北京:清华大学出版社,2012.

左学金,等.世界城市空间转型与产业转型比较研究[M].北京:社会科学文献出版社,2011.

陈少峰,张立波.文化产业商业模式[M].北京:北京大学出版社,2011.

张京成,李岱松,刘利永.文化创意产业集群发展理论与实践[M].北京:科学出版社,2011.

王缉慈,等.超越集群——中国产业集群的理论探索[M].北京:科学出版社,2010.

褚劲风.创意产业集聚空间组织研究[M].上海:上海人民出版社,2009.

厉无畏.创意产业:转变经济发展方式的策动力[M].上海:上海社会科学院出版社,2008.

二、文章

Berg S. Creative Cluster Evolution: The Case of the Film and TV Industries in Seoul, South Korea[J]. *European Planning Studies*, 2014.

参考文献

Xin G. City, Culture and Society[J]. *Making Creative Spaces*, 2014.

Boix R. Capone F, Lazzeretti L, Sanchez D. Comparing Creative Industries in Europe[J]. *European Urban and Regional Studies*, 2014.

Hartley J. Urban Semiosis: Creative Industries and the Clash of Systems [J]. *International Journal of Cultural Studies*, 2014.

Kratke S. Innovation and Knowledge Networks in a Metropolitan Region The Impact of Localization Economies and Networking on Technological Creativity[J]. *Innovation and Knowledge Networks*, 2011.

Founder S. Great Expectations: China's Cultural Industry and Case Study of a Government – sponsored Creative Cluster[J]. *Creative Industry Journal*, 2009.

Hoyman M. It Takes a Village, a Test of the Creative Class, Social Capital, and Human Capital Theories [J]. *Urban Affairs Review*, 2009.

Bagwell S. Creative Clusters and City Growth[J]. *Creative Industries Journal*, 2008.

Talen E, Grinnell M, Anita I. Toward Sustainable Communities: Resources for Citizens and Their Governments[J]. *Urban Geography*, 2007.

Gibsona C, Brennan C. Goodbye Pram City: Beyond Inner/Outer Zone Binaries in Creative City Research [J]. *Urban Policy and Research*, 2006.

Mommaas H. Cultural Clusters and the Post – industrial City: Towards the Remapping of Urban Cultural Policy[J]. *Department of Leisure Studies*, 2004.

Turok I. Cities, Clusters and Creative Industries: The Case of Film and Television in Scotland[J]. *European Planning Studies*, 2003.

吴威. 创意产业与区域经济增长互动发展研究[D/OL]. 长春:吉林大学, 2014.

俞剑光. 文化创意产业区与城市空间互动发展研究[D/OL]. 天津:天津大学, 2013.

张学春. 中国创意城市发展问题研究[D/OL]. 黑龙江:东北师范大学, 2013.

黄斌. 北京文化创意产业空间演化研究[D/OL]. 北京:北京大学, 2012.

段楠. 城市视角下的文化创意产业研究[D/OL]. 南京:南开大学, 2012.

丁立义. 基于共生理论的创意产业园区模式创新研究[D/OL]. 武汉:武汉理工大学, 2013.

曹微. 我国创意城市创意能力评价及提升对策研究[D/OL]. 大庆:东北石油大学, 2012.

黄阳. 我国创意城市评价研究[D/OL]. 泉州:华侨大学, 2012.

马仁锋. 创意产业区演化与大都市空间重构机理研究[D/OL]. 上海:华东师范大学, 2011.

赵云飞. 创意产业园区公共空间整合研究[D/OL]. 长沙:中南大学, 2009.

郑晓东. 创意城市的路径选择[D/OL]. 上海:上海社会科学院, 2008.

高宏宇. 文化及创意产业与城市发展——以上海为例[D/OL]. 上海:同济大学, 2007.

邱文宏,林绵,纪慧如.探讨文创园区的价值创造:二元观点[J].浙江社会科学,2016(1):110-116.

陈金丹,黄晓.文化产业园区间协同创新的机理及能力评价[J].科技管理研究,2015,V.35,NO.335(13):34-38.

马丽,严汉平.产业集聚与园区经济发展相关性分析[J].西北大学学报(哲学社会科学版),2015(1):118-123.

陈少峰,王帅.城镇化进程中的城市文化建设[J].经济与管理战略研究,2014(9):90.

任明.创意城市与城市创造力——"城市文化交流会议"2013香港年会综述[J].上海文化,2014(1X):4-9.

褚劲风,香川贵志,崔国,等.创意城市网络下日本神户设计之都的规划与实践[J].世界地理研究,2011,20(3):44-54.

黄阳,吕庆华.西方城市公共空间发展对我国创意城市营造的启示[J].经济地理,2011,31(8):1283-1288.

刘平.国外创意城市的实践与经验启示[J].社会科学,2010(11):26-34.

肖永亮,姜振宇.创意城市和创意指数研究[J].同济大学学报(社会科学版),2010,32(3):49-57.

厉无畏.迈向创意城市[J].上海经济,2008(11):5-7.

褚劲风.国外创意产业集聚区的理论视角与研究系谱[J].世界地理研究,2009,18(1):108-117.

陈少峰.发展文化产业的国际经验借鉴[J].人民论坛,2007(20):79-81.

图书在版编目(CIP)数据

文化园区创新模式研究/余博著. —北京：中国传媒大学出版社，2018.6
ISBN 978-7-5657-1808-3

Ⅰ.①文… Ⅱ.①余… Ⅲ.①文化产业－产业集群－研究－中国　Ⅳ.①G124

中国版本图书馆CIP数据核字(2017)第005736号

文化园区创新模式研究
WENHUA YUANQU CHUANGXIN MOSHI YANJIU

作　　者	余　博
责任编辑	赵　欣
责任印制	曹　辉
封扉设计	魏　东

出版发行	中国传媒大学出版社
社　　址	北京市朝阳区定福庄东街1号　邮编：100024
电　　话	86—10—65450528　65450532　传真:65779405
网　　址	http://www.cucp.com.cn
经　　销	全国新华书店
印　　刷	艺堂印刷(天津)有限公司
开　　本	710mm×1000mm　1/16
印　　张	11
字　　数	150千字
版　　次	2018年6月第1版　2018年6月第1次印刷
书　　号	ISBN 978-7-5657-1808-3/G·1808　　定　价　49.00元

版权所有　　翻印必究　　印装错误　　负责调换